本书受中南财经政法大学出版基金资助

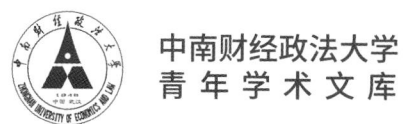

中南财经政法大学
青年学术文库

张承德 ○ 著

跨媒体网络事件检测与跟踪研究

Cross-media Web Event Detection and Tracking

中国社会科学出版社

图书在版编目（CIP）数据

跨媒体网络事件检测与跟踪研究 / 张承德著 . —北京：中国社会科学出版社，2018.6（2019.3 重印）

（中南财经政法大学青年学术文库）

ISBN 978 - 7 - 5203 - 2502 - 8

Ⅰ.①跨… Ⅱ.①张… Ⅲ.①情报检索 Ⅳ.①G252.7

中国版本图书馆 CIP 数据核字 (2018) 第 103404 号

出 版 人	赵剑英
责任编辑	徐沐熙
特约编辑	张　婉
责任校对	庞　彦
责任印制	戴　宽

出　　版	中国社会科学出版社
社　　址	北京鼓楼西大街甲 158 号
邮　　编	100720
网　　址	http://www.csspw.cn
发 行 部	010 - 84083685
门 市 部	010 - 84029450
经　　销	新华书店及其他书店

印刷装订	北京君升印刷有限公司
版　　次	2018 年 6 月第 1 版
印　　次	2019 年 3 月第 2 次印刷

开　　本	710×1000　1/16
印　　张	13.5
插　　页	2
字　　数	170 千字
定　　价	38.00 元

凡购买中国社会科学出版社图书，如有质量问题请与本社营销中心联系调换
电话：010 - 84083683
版权所有　侵权必究

《中南财经政法大学青年学术文库》
编辑委员会

主　任：杨灿明

副主任：吴汉东　姚　莉

委　员：（按姓氏笔画排序）

朱延福　朱新蓉　向书坚　刘可风　刘后振

张志宏　张新国　陈立华　陈景良　庞凤喜

姜　威　赵　曼　胡开忠　胡贤鑫　徐双敏

阎　伟　葛翔宇　董邦俊

主　编：姚　莉

序　言

感谢教育部人文社会科学研究青年基金项目：16YJC860026、跨媒体网络事件检测与跟踪研究，对本课题及本专著的支持与赞助，本书是该项目的研究成果。

辍笔在即，我是快乐的！虽然曾经失败过，迷茫过，放弃过，但每一次的转折都是我成长的动力，是我奔向成功的砝码。我的快乐成长离不开下面我要感谢的所有的人！细数这一路的点滴收获，除了源于自己的努力付出，更离不开你们给我的关心、帮助和支持。

首先，我要向我的导师吴晓老师表示崇高的敬意和衷心的感谢！本书中的大部分研究工作都是在吴晓老师的精心指导和严格要求下完成的，无论是在理论研究和实验方法的指导上，还是在最后的撰写、修改、定稿上，都凝聚着吴晓老师大量的心血。吴晓老师严谨求实的科研态度、敏锐的创新意识和无私的奉献精神深深地影响着我，对我在做人、处事和治学等方方面面的教导和影响使我受益匪浅，这将是我一生最宝贵的财富。

在整个科研过程中，我对吴晓老师言传身教的学者风格、平易近人的为人风范和科研上的钻研精神印象深刻。在学习上，吴晓老师对我精心地指导，倾囊相授、毫无保留。在日常生活中，吴晓老师事必躬亲，对我关怀备至。当我面临压力时，吴晓老师默默地关注我，并及时地给我提供各种力所能及的帮助，让我感受着双重的爱与关怀。相比其他同学，我是最幸福的，也是最让师弟师妹们最羡慕的。正是在导师的指导、支持、鼓励和影响下，我才得以顺利完成本书，并且对科学研究产生了浓厚的兴趣。衷心地感谢我的导师，没有他的帮助，就没有我在科研道路上的成长。

非常感谢彭强和张家树老师提出的宝贵建议和意见，它们很好地弥补了我的研究中的一些不足之处，你们的激励也为我增添了科研动力，让我更有信心地开展论文的研究工作。

感谢彭强和陈俊周老师在本书完成过程中给予认真负责的指导。两位老师广博的学术造诣、敏锐的洞察力和严谨的科研态度是我学习的榜样。

非常感谢美国迈阿密大学的美籍华人徐美玲教授，为本书的完成提供了许多宝贵的建议和启迪。在美国迈阿密大学学习的1年中，徐美玲教授不管是在学习上还是生活上，一直都关照着我，提点着我，鼓励着我，激励着我在科研的道路上不断进取。他谆谆教诲，严谨的科研态度使我受益匪浅，我将对此终生难忘。毕业在即，在此向徐美玲教授表示我最衷心的感谢！

感谢西南交通大学实验室的张庆明、范小九、张蕾、王广伟、陈洪瀚、孙广路、赵波、任健鹏、刘祥凯、高攀、闫川以及美国迈阿密大学实验室的刘典婷、朱秋莎、孟涛和黄安辉等博士研究生和陈川江、梁玲玲、鲁一杰、何俊彦、刘兆瑞、吴金鹏、张靓云、梁润亭、张宗峰、张扬阳、程治淇等硕士研究生，他们在学术和实验等方面给了我很多有益的建议和帮助。感谢实验室所有兄弟姐妹们带给我的美好回忆。

感谢我的父母和妻子肖霞，你们一直尊重我的选择，默默地支持我、帮助我、鼓励我，感谢你们一直以来对我的大力支持，正是你们的无私付出和积极鼓励给予了我战胜困难的信心和决心，才使得我能够顺利完成本书。

最后，对所有在此尚未提及，但曾给予我关心和帮助的人们表示诚挚的谢意！

张承德

目　录

第一章　绪论 …………………………………………………………（1）
　第一节　研究背景与意义 ……………………………………………（1）
　第二节　基本概念 ……………………………………………………（6）
　　一　大数据 …………………………………………………………（6）
　　二　信息检索 ………………………………………………………（11）
　　三　多媒体 …………………………………………………………（14）
　　四　多媒体检索 ……………………………………………………（18）
　　五　数据挖掘 ………………………………………………………（20）
　第三节　国内外研究现状 ……………………………………………（22）
　　一　话题检测与跟踪 ………………………………………………（22）
　　二　特征轨迹 ………………………………………………………（30）
　　三　关联规则挖掘 …………………………………………………（32）
　　四　多重对应分析 …………………………………………………（34）
　　五　时空信息的事件挖掘 …………………………………………（36）
　第四节　研究目标及拟解决的关键问题 ……………………………（39）
　　一　课题研究目标 …………………………………………………（39）
　　二　拟解决的关键问题 ……………………………………………（40）
　第五节　本书的主要研究内容及组织结构 …………………………（41）

第二章　基于视觉内容相关性与多重对应分析的网络视频事件挖掘研究 (45)

第一节　视觉近似关键帧 (47)

第二节　共同发生与多重对应分析的融合 (50)

　一　多重对应分析 (53)

　二　共同发生 (55)

　三　文本与视觉信息的融合 (57)

第三节　实验与分析 (57)

　一　实验数据 (57)

　二　实验分析 (59)

第四节　本章小结 (62)

第三章　基于视觉特征轨迹与文本分布特征的网络视频事件挖掘研究 (64)

第一节　基于特征轨迹的事件挖掘 (66)

　一　视觉特征轨迹 (66)

　二　文本特征轨迹分析与研究 (68)

　三　视觉特征轨迹分析与研究 (69)

　四　文本与视觉特征轨迹的融合 (70)

第二节　实验与分析 (72)

　一　实验数据 (72)

　二　实验分析 (73)

第三节　基于内容的视觉特征轨迹与文本信息融合的事件挖掘 (79)

　一　文本相关性 (83)

　二　基于内容的视觉特征轨迹 (87)

　三　文本与视觉信息的融合 (92)

第四节　实验与分析 …………………………………… (93)
　　　一　实验数据 ………………………………………… (93)
　　　二　实验分析 ………………………………………… (94)
　　第五节　本章小结 ……………………………………… (101)

第四章　基于动态关联规则与视觉近似片段的网络视频
　　　　事件挖掘研究 …………………………………… (103)
　　第一节　基于动态关联规则的事件挖掘 ……………… (103)
　　　一　动态关联规则 …………………………………… (105)
　　　二　分类 ……………………………………………… (111)
　　第二节　实验对比与分析 ……………………………… (111)
　　　一　实验数据 ………………………………………… (111)
　　　二　实验分析 ………………………………………… (112)
　　第三节　基于视觉近似片段的事件挖掘 ……………… (117)
　　　一　视觉近似片段 …………………………………… (120)
　　　二　视觉近似片段与文本分布特征的融合 ………… (123)
　　　三　关联规则挖掘 …………………………………… (125)
　　　四　文本信息挖掘 …………………………………… (128)
　　　五　多模态融合 ……………………………………… (130)
　　第四节　实验与分析 …………………………………… (131)
　　　一　实验数据 ………………………………………… (131)
　　　二　实验分析 ………………………………………… (132)
　　第五节　本章小结 ……………………………………… (138)

第五章　结论与展望 ……………………………………… (139)
　　第一节　主要研究成果 ………………………………… (139)
　　　一　基于视觉内容相关性与多重对应分析的网络视频

　　　　事件挖掘……………………………………………………（139）
　　　二　基于内容视觉特征轨迹与文本分布特征的网络视频
　　　　事件挖掘……………………………………………………（140）
　　　三　基于动态关联规则与视觉近似片段的网络视频事件
　　　　挖掘研究……………………………………………………（140）
　第二节　今后研究方向………………………………………………（141）
　　　一　文本突发性特征的研究…………………………………（141）
　　　二　视觉突发性特征的研究…………………………………（141）
　　　三　文本与视觉信息融合的研究……………………………（142）

参考文献……………………………………………………………（175）

发表论文……………………………………………………………（196）

后　　记……………………………………………………………（199）

第一章

绪 论

第一节 研究背景与意义

最近几年,社交网络和网络视频网站的普及和快速发展,使得网络视频的数量以指数级的速度增长。随着互联网、计算机和移动技术的迅猛发展,互联网成为人们生活的重要组成部分。互联网网页、图像、网络视频和社交信息等不同类型数据的快速增长为用户提供了丰富的多媒体信息。2006年7月,用户每天上传6.5万个视频至视频分享网站优兔(YouTube),而且,每天的视频点击量超过1亿次。到了2009年9月,大约每分钟有20小时的新视频数据上传到优兔[1]。2014年每月有超过10亿人的唯一身份用户访问优兔,用户每月在优兔上观看的视频总时长超过60亿小时,每分钟有长达100小时的视频上传到优兔,全球网站数量已超过10.6亿个。在国内,网页数量达1500亿,网站达320万个,中国网民数量超过6.32亿。优酷土豆月均覆盖用户数量超过5亿,日均播放

---

[1] Zhang J, Fan X, Wang J, Et Al., "Keyword-Propagation-Based Information Enriching And Noise Removal For Web News Videos" In Proceedings of the 18th Acm Sigkdd International Conference on Knowledge Discovery And Data Mining (Kdd), Beijing, China, August 2012.

量超过 7 亿次。现代社会每天产生巨量的多媒体数据，全球已进入数据和信息爆炸性增长的时代——大数据时代（Big Data）。根据麦肯锡报告的定义，大数据是指其大小超出了典型数据库软件的采集、存储、管理和分析等能力的数据集合。巨量不断更新的网络视频充分体现了大数据的特色：（1）数据量大：在互联网上，网络视频数量以亿为单位不断快速增长，且数据量异常庞大甚至有 EB 量级的数据需要及时的分析和处理；（2）快速应对：由于互联网数据和人们需求的快速变化，急切地需要本书能够及时根据需求做出快速准确的应对策略或动作以应对瞬息万变的外部环境，这不仅需要数据分析的速度快，而且对各种性能也提出了新的更高的要求，因此单位时间内要处理的数据量也非常大；（3）数据种类繁多：由于网络技术的飞速发展和数据类型的多种多样以及来源于不同媒体的数据越来越多，需要对这些多种数据源或多种数据类型进行必要的整理和筛选等操作；（4）数据的价值密度低：由于数据量非常庞大，且数据比较繁杂以及数据不完整等因素，数据的有效信息较少，甚至可能会失真，面对这样的情况可以通过大样本及多种类的数据达到更真实地反映实际情况的效果。

在日常生活中，网络和有线电视等媒体的迅速发展，以及拍摄和存储多媒体设备价格的快速下降，使得视频等多媒体信息成为人们获取信息和享受娱乐的重要载体。由于多媒体所含信息具有信息量丰富、信息简单明了、易于理解、省时和省力等特点，普通用户不必再花费大量时间从大量文本信息中去寻找自己感兴趣的信息。这样，大量普通用户可以非常方便地通过手机、相机或者直接从网络上获取视频，然后经过编辑后上传到视频分享网站上。多媒体的上述特点使得信息检索变成了一种享受，而不再是耗时耗力的枯燥的事情。另外，国内外众多电视媒体为方便用户在线浏览视频，了解国内外重大事件，逐渐将大量视频节目通过互联网这种新兴媒体进行传播。在中国过去的一段时间内，涌现出了一批视频分发网站如优酷、土豆等，并得到迅猛发展，这使得中国普通用户也可以很容易地获得数以百万计的网络视频。

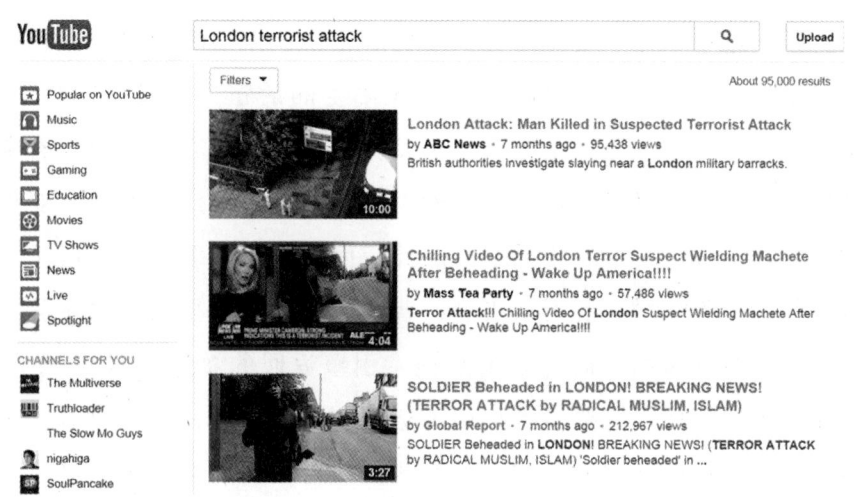

图1—1　在优兔上搜索"伦敦恐怖袭击"（London terrorist attack）时返回的搜索结果

目前，网络视频的管理方式依然比较简单，主要通过将视频分为几个通用的类型，例如：新闻、财经、体育、音乐、教育等。而最近比较流行的网络视频搜索引擎如：优兔、谷歌视频、雅虎视频和百度视频等，则主要通过搜索的关键词与视频中的标题或标签等文本信息进行相关度检测，搜索引擎返回的比较靠前的网络视频主要是关键字相似度或点击率较高的网络视频，但并不一定是用户所要检索的网络视频。这不仅使得自动挖掘网络视频中的主要事件更有意义，而且更方便普通用户浏览、搜索和并快速掌握事态的发展动态。

以话题"伦敦恐怖袭击"为例，如图1—1所示，当搜索关键词"伦敦恐怖袭击"时返回了95000个相关搜索结果，并且搜索结果仅仅是根据其与搜索关键词的相关度进行排序的。然而，仅仅是一幅缩略图和寥寥几个文字很难对想要了解这一话题的用户有很大的帮助。面对海量的搜索结果，为了进一步了解该话题，用户需要点击更多搜索到的网络视频。甚至，需要收看大部分与该话题相关的视频，这不仅是非常耗时的而且仍然很难让用户找到他们真正想要的结果，尤其是对于他们来说完全陌生的话题。在现实生活中，用户通常只点击查看搜索结果的头几页，并不会耐心不断地查看全部搜索结果。很显然，现在的搜索引擎并不能帮助用户抓住主要事件，并从整体上了解整个话题。因此，面对搜索引擎返回的成千上万的，甚至不断增长的网络视频，普通用户往往显得无所适从甚至无能为力。这对本书研究如何从搜索引擎返回的海量网络视频中，快速有效地挖掘出主要事件提出了迫切要求。因此，有必要对搜索结果自动进行网络视频的相关性检测，并对相关的网络视频进行聚类，以减少用户的工作量，且有助于日后事件间相互关系建立的进一步研究工作。

然而，当本书将文本领域中比较成功的方法应用到网络视频时，遇到了新的问题和困难。这对基于初始关键字和视觉特征的事件挖掘提出了新的挑战。对于文本信息，一方面，网络视频仅仅有十几个单词来简要地描述视频的内容，相对于传统的文件拥有更少的文本信息；另一方面，由于用户间不同的习惯、不同的语言、不同的文化以及不同的教育背景等，使得不同用户描述同一内容时通常会使用不同的词语，甚至有些用户为了增加点击量会人为地增加一些与视频内容无关的热点词汇。对于视觉信息，一方面，由于不同用户的拍摄设备和水平参差不齐，不同用户上传的视频的质量便会差别较大；另一方面，有些用户会对相关视频做出相应的编辑比如删除部分内容，增加一些文字，甚至把某些人的头像换成自己的头像，等等。上述问题，无形之中为网络视频的事件挖掘增加了很大的难度。

这就需要本书深入研究与分析网络视频所体现出来的特点，并充分利用文本与视觉信息的特征，以及这些特征间的相关性和互补性提出新的高效算法，达到高效地从海量网络视频中挖掘主要事件的目的。相对于传统文档，网络视频蕴含着丰富的视觉内容信息。同时，网络视频中存在着大量的近似图像或近似关键帧（Near-duplicate keyframe，NDK），即不同视频间相似或者相同的图像。它们可以将不同的网络视频链接在一起，不仅可以强调重要的场景，而且可以唤起对事件的回忆。为了更准确地获得视觉近似关键帧，目前，主要通过局部关键点（又称为局部点）对不同视频间的关键帧进行相似性检测。然而，由于关键帧的捕获条件、获取时间、图像变化（光线或亮度的变化），以及后期编辑（添加台标或字幕）等因素，搜索的结果中会出现内容相似但又存在一定差异的图像。以上现象往往会对视频间关键帧相似性检测造成一定的影响，从而使不同视频间相关性的研究更具有意义。

至今为止，不论是从信息的数量，还是从观点的数量上来看，互联网都成功压倒广播、报纸以及电视等传统媒体，日益成为引导社会舆论发生及发展的重要媒介。然而，海量网络视频中有效聚类敏感的热点事件，将对管理部门日后分析和提取舆情信息，甚至跟踪与监控这些信息都起到非常重要的作用。本书还可以通过将互联网中多种媒体的信息相结合的方式来进行事件挖掘，例如：利用互联网上的文本、图像以及视频等信息进行舆情监测以方便日后的重大事件跟踪，及为相关管理部门提供必要的参考信息，从而便于相关部门及时全面地了解整个事件的发展动态，及时处理正在发生的突发事件，并快速应对复杂且多变的事件。

综上所述，面对巨大的市场需求，海量网络视频的事件挖掘研究迫在眉睫，由此本书面临着许多挑战。本书的研究将有助于提高网络视频搜索引擎的实用价值，同时节省普通用户大量时间，方便用户及时了解及掌握主要事件的发展脉络并对日后进一步的操作提供强有力的帮助和支持。

第二节 基本概念

一 大数据

在过去的20多年里，信息科技的发展日新月异，尤其是移动互联网的飞速崛起以及通信社交电子商务的风靡导致了数据量以无法估量的速度增长，大数据这一概念也就应运而生。所有领域似乎都不可避免地投身到大数据发展的浪潮中。大数据时代的悄然而至给当今社会带来了无限机遇，同时也附带着新的挑战和冲击。

大数据，简单来说，即传统软件工具无法捕获、存储、管理、分析的巨型数据的集合，是高速发展的信息时代的产物。在新时代的大数据背景下，大数据意义不在于"庞大"，而在于其中蕴藏的价值的多少。和传统的数据集相比，大数据则需要通过更多的实时分析和加工处理充分挖掘其隐藏价值才能具有更强的洞察能力和决策能力。正如脸书（facebook）的副总工程师杰伊·帕瑞克所言，"如果不利用所收集的数据，那么你所拥有的只是一堆数据，而不是大数据"。

大数据具有4个V特征，即海量化（Volume）、快速化（Velocity）、多样化（Variety）、价值（Value）。具体来说，（1）大数据体积巨大，常处于PB级别，其体积增长速度快，而且数据每时每刻都在更新变化。例如：一组名为"互联网上一天"的数据显示，一天内互联网产生的全部内容可以刻满1.68亿张DVD；一天内发出的邮件达2940亿封之多；每天上传到脸书的照片堆起来有

80个埃菲尔铁塔那么高；一分钟内微博推特上新发的数据量超过10万……这些由本书中的创造的信息所产生的数据已远远超越了目前人力所能处理的范畴。（2）大数据处理速度要像新闻一样及时以保证信息的有效性。例如：网购过程，用户需要了解当前最准确的价格和库存信息以便用户下单。这就要求存储系统必须保持较高的实时性响应速度，响应延迟必然会导致系统显示"过期"的消息给用户，从而降低数据的价值且使商家无法实现利益的最大化。（3）数据类型以及数据来源多样化。如今的数据类型早已不再是单一的文本形式，图像、视频、音频、日志等多种多样的类型增加了数据处理的复杂性。大量非结构化、残缺数据的出现已超出传统软件技术和工具所能处理的范围。（4）由于大量不相关信息的存在，数据的价值密度相对较低。如在连续不断的检测过程中，可能有用的数据所需要的检测时间只要一两秒钟，但事先无法预知哪一秒才是有价值的。因此，从大数据中掘金便如大海捞针般不易。对于相关组织，如果投入巨大人力物力财力而采集到的信息无法通过及时处理得到有价值的信息，将会得不偿失。而妄想不劳而获，跳过数据的采集、分析与挖掘直接提取最大价值也是不切实际的。因此，如何完美地驾驭大数据并尽量从中掘取深刻、全面的预测与发现，是大数据时代带给人类的一项全新的挑战。

大数据与云处理是密不可分的，云计算是大数据的一种业务模式，其本质则为数据处理技术，而云处理成为为大数据提供储存、计算、访问和虚拟的平台。根据NIST，云的互通性可以让不同云中的数据集相互关联协作，从而增强共享、协作和分析大型数据集的能力。但当前的云计算更偏重数据的存储和计算，缺乏数据分析的能力，为挖掘数据价值提供更有效的决策参考是云计算的最终方向，也是大数据的核心议题。

大数据给传统的思维方式带来了巨大的变革。首先，它不是通过从大量数据中随机抽样出一小部分数据来获取预测信息的，而是尽可能分析更多的数据，甚至处理所需要的和某个现象相关的所有数据。因为大数据是建立在尽可能多的数据基础上的，所以本书将正确考察其细节并对其进行尽可能准确的分析。其次，由于数据的大幅增加，数据的复杂性明显增高。而且大部分数据都不再是结构化的数据，必然会出现因某些错误的数据而导致结果不准确的现象。这种现象并不是大数据的固有特性，而是普遍存在的并有可能长期存在的。此种情况下，达到绝对的精准对于本书来说有很大困难，而且已经不再是本书追求的主要目标，因此本书允许在数据分析时的不精准，接受一定范围内的混乱性与误差。最后，大数据分析关注的是相关关系而不是因果关系。即通过数据之间的相关性来分析现象，而不是执着于揭示其内部的运行机理。人们将告别致力于探索世界运转方式背后的深层相生相连原理，转而关注现象之间的联系进而达到快速解决问题的，这种方式大大增加了数据分析应用的效率。例如：沃尔玛曾对历史交易记录进行分析后发现，季风来临前，不仅手电筒销量增加，蛋挞的销量也随之增加。因此，每当季风来临前，根据手电筒和蛋挞的相关关系，而不考虑蛋挞和手电筒销量同增的因果关系，沃尔玛都会把蛋挞放在靠近季风用品的位置来提高销量。

　　大数据以数据的分析和挖掘为手段，以预测和发现为目标，即运用数学运算对海量的数据进行分析来预测事件发生的可能性，根据预测的结果采取相应应对措施。经典应用是通过对用户网上购物的跟踪分析，了解其消费习惯，挖掘出用户的消费趋势，进而进行广告推送，但大数据的应用并不局限于精准营销，而是以其无形的触角渗透于各个领域。例如：通过分析医疗保健内容找到大量患者相关的临床医疗信息；通过分析网络相关词汇搜索量来预测流感的散布地区；基于事实交通报告来预测交通拥堵情况，缓解城市拥堵压力，减少事故发生；通过收集分析学生日常消费信息来作为评定助学金的参照以保证政策的公平与公正、各行各业的决策正在从"业务驱动"转变为"数据驱动"。

可以预料，在不远的未来，企业如何通过抓住用户来获取源源不断的数据资产将会是一个新的兵家必争之地。在这个层面上，脸书、推特、谷歌和亚马逊，包括电信运营商等领先企业具有无可比拟的优势。信息时代，企业之间的竞争已经从劳动生产力的竞争演变为数据资源的竞争。大数据是对"工业时代的价值思维"的挑战，也是对信息时代"创新式资产变革"的回应。传统工业化生产时代的厂房与人工流水线操作将会被大数据时代的服务器取而代之。在"数据为王"的时代，数据资源的搜集、挖掘、分享与利用将成为左右企业成败的关键因素。

同时，大数据也推动着信息产业持续高速增长。软件需求很大程度上会推动硬件发展。大数据应用的爆发性增长直接推动了计算技术、存储设备和网络的发展。在硬件领域，大数据将对存储、芯片等硬件和集成设备产业产生重大影响，还将催生一体化与数据存储处理有关的硬件设备市场。在软件与服务领域，随之兴起的数据挖掘、云计算、机器学习和人工智能等相关技术，可能会挑战数据世界的很多传统算法和理论，实现思维模式和信息技术上的突破。

大数据在催生社会变革、创造机遇的同时，也面临着新的挑战。首先，大数据时代不可逃避的是网络安全问题。对大数据资源的高度需求必然会导致对大数据的高级持续性攻击，攻击者主动或被动的攻击都将导致数据完整性或机密性的破坏。用户无法对本人数据的采集、存储、使用、分享等实施有效控制，但攻击者却可以通过攻击社交网络窃取用户信息。用户隐私获取的简易性无疑会导致网络犯罪的剧增。其次，大数据4V特性给传统数据存储设施带来了挑战。大型的数据规模和庞大的文件数量需要海量存储系统来容纳，并要求其有相应等级的扩展能力。实时性分析要求存储系统必须能够保持较高的响应速度以及快速的读写能力。相应地，支持各项需求的存储设施的成本控制也成为一大问题。最后，由于数据量的庞大和复杂度，数据的分析处理技术以及处理效率已无法完全适应大数据时代的软件需求。

　　世界各国都在推行相关政策来促进大数据加快发展。例如：美国政府报告要求每个联邦机构都要有一个"大数据"的策略；印度政府建立印度唯一的身份识别管理局，将数据汇集到世界最大的生物识别数据库中；我国国务院印发行动纲要，推动大数据发展与科研创新有机结合，推进基础研究和核心技术攻关，形成大数据产品体系，完善大数据产业链。未来决定政府威望和公信力的可能不仅仅限于政策与民主，政府对数据的处理管理能力也将会是一关键衡量指标。

　　数据不再仅仅具有"使用价值"，而成为真正的"价值"。处在大数据时代的风口浪尖上，数据资源将会成为商家争夺的焦点。各行各业都试图借机从数据探索中掘金。在新的数据掘金大潮中，数据量的多少已无关紧要，如何利用数据以及将数据转化为有价值信息的速度才是当务之急。将数据资产作为企业核心资产，将数据管理作为企业核心竞争力，提高数据资产管理效率，消除低质量数据并获得更佳决策将会成为企业成败的关键。以往的分析方法是基于部分抽样数据和各种假设约束模型，由此得出的结论难免差强人意。而大数据加小模型化的分析更切合实际，有利于得到更加客观的决策论断，消除主观上感性的武断。数据"资产化"将为未来完全信息化的商业模式打下基础。

　　未来数据泄露事件将会剧增。数据的资源化必然会导致某些组织受利益驱动采取不正当的方式来攫取数据。而所有企业，无论规模大小，无论是否做好安全防范，都可能面临数据攻击的危险。企业需要从新的角度来确保自身以及客户数据的安全，仅仅在数据保存的最后一个环节实施安全措施始终治标不治本，必须在创建数据之初采取防范措施使数据获得安全保障才能从根本上解决问题。这不仅是企业保障自身利益的必要举措，也是对消费者应负的责任。

大数据产业主要涉及数据生成、存储、处理分析、应用四个环节，具体来看，包含硬件设备、处理分析环节、综合处理、语音识别、视频识别、商业智能软件、数据中心建设与维护、IT咨询、方案实施、信息安全等领域。存储大数据的硬件设备产业，处理分析的软件技术和工具产业将共同服务于应用大数据决策的企业及由此衍生出一体化的大数据产业链。

二 信息检索

信息检索起源于图书情报学，在计算机出现以前，主要通过手工方式建立索引目录，主要用于图书馆的图书查询。计算机出现以后，人们开始使用计算机建立文本搜索系统并将其用于小型科技项目，随着数据库检索系统和网页（WEB）搜索引擎的出现，信息检索也有了飞速发展。可以说，信息检索的发展历史就是计算机技术的发展历史。

随着互联网技术日新月异的发展，网络信息资源也呈爆炸性增长，如何从海量庞杂的信息资源中获取对用户本身有用的信息，其实质就是一个人信息检索能力的表现。早在1948年，信息检索的研究先驱，麻省理工学院的Calvin Mooers在他的硕士论文中首次提出了信息检索的定义：信息检索（Infromation Retrieval）是指从文档集合中返回满足用户需求的相关信息的过程。现在，随着计算机技术的发展变化，信息检索的概念也随之有了很大不同。所谓信息检索，就是指通过对原始信息加工处理后，按照一定的方式进行存储和组织，然后将用户输入的查询条件与存储的数据筛选匹配，并将得到的信息返回给用户的过程。

目前，常用的信息检索技术主要的还是文本信息检索，文本信息检索技术发展较快也较为成熟，但由于文本信息检索主要采用关键字匹配，所以也存在着检索结果召回率低、准确率低，鲁棒性差等问题。随着用户对信息检索结果的准确性要求越来越高，传统的文本信息检索已不能满足用户的需求。这就促使跨语言检索、多媒体检索、智能检索、知识检索、异构信息检索以及跨媒体信息检索成为当前信息检索领域的研究热点。

（一）跨语言检索：用户以一种语言检索，信息结果以另一种或多种语言呈现给用户。如用户以中文提问，系统返回英文、法文等其他语言的信息。跨语言检索的技术难点在于机器翻译，在将一种语言与另一种语言描述的信息建立对等关系时，必须要通过建立相应的词典来实现，这其中又涉及消除歧义性等复杂的语义分析技术。跨语言检索为多语言用户和单语言用户都提供了许多方便，它使得用户可以以熟悉的语言构造检索条件，然后使用由该提问式检索系统支持的任一种语言写成的文献。

（二）多媒体检索：多媒体检索主要包括图像、语音、视频等检索技术，通过提取多媒体信息的特征数据并将其组织存储在数据库中，建立索引，然后进行相似性匹配运算，得到用户所需的信息，并通过用户反馈的相关性进行不断的调整和改进。多媒体检索的前提是数据挖掘，因为只有利用数据挖掘找出图像、音频、视频中的潜在信息，在检索时才能更好地匹配查询，从而提高检索的相关性。

（三）智能检索：智能检索主要运用了自然语言处理技术，通过消除歧义、提取词干、同音同义处理来提高检索效果。例如：当用户输入"计算机"时，检索结果也会显示出与"电脑"相关的结果；当检索词中包含"苹果"时，智能检索将通过上下文词义消歧、全文索引以及用户相关性反馈等技术分析"苹果"是指水果还是电脑品牌，最终反馈给用户一个相关性高、准确性高的信息。

（四）知识检索：知识检索是信息检索与数据挖掘相结合的技术，主要包括自动分类、自动聚类、自动摘要以及相似性检索。自动摘要主要是指自动地从文档中抽取出摘要信息，这有助于帮助用户快速评价检索结果的相关性；自动分类是基于机器学习中的预定义分类树，依据文档内容特征的不同将其归为不同的类；自动聚类则是按照文档内容的相似性将不同的分组归并在一起；相似性检索是指依照文档内容间的相关程度或相似性来检索文档内容。

（五）异构信息检索：异构信息检索是一种支持多种文件格式、多种数据结构的检索技术，而全息信息检索就是支持一切格式、数据结构的检索技术，它是一种特殊的异构信息检索。

信息检索在人们的日常生活中应用广泛，无论是对科研人员还是普通用户都有着极其重要的意义：

1. 为用户节省时间、提高效率

信息检索技术的发展可以让人们从海量数据中高效快速地找出有用信息，互联网上每秒钟有数以亿计的信息产生，对于掌握了高效检索方法的用户来说，熟练查找所需信息资料，无疑将大大节约时间，提高工作效率。

2. 有利于信息共享，提高信息使用率

信息检索使得世界各地的用户方便地共享网络信息资源，如数字图书馆的发展，打破了传统图书馆的地理限制，免去了找书库及按检索号找图书的多道工序。用户只需登录系统，轻点鼠标，便可以查询到远隔千里的图书馆藏信息，并且一本书可以同时让多个用户查阅，大大提高了信息使用率。

3. 避免科研人员重复劳动

科研人员在开展一个项目之前，只有先进行了信息检索，检索出这个项目目前是否已经有人做过了，或者项目进展如何，已经取得了什么样的成果，才不至于盲目重复别人已经做过的项目，从而明确地开展一个自己的、新颖的项目研究。

三 多媒体

随着互联网行业计算机技术日新月异的发展，不知不觉中多媒体已经融入了人们生活的每个角落。一般来说，多媒体指的是计算机领域中处理的各种媒体对象，包括文本、图形、图像、音频和视频等内容。多媒体的发展有赖于多媒体技术的发展，多媒体技术则是指综合处理多种媒体，即以上所说的文本、图形、图像、音频和视频等内容并为之建立逻辑关联和人机交互的技术。

多媒体包含了两种以上人机交互的信息交流和传播媒体，主要有3个特性：多样性、交互性、集成性。多样性是指信息载体的多样性；交互性是指多媒体计算机为用户提供了图形化用户界面，方便用户操作；集成性是指以计算机为中心，进行多种媒体的处理。

多媒体技术的发展主要经过3个阶段：刚问世的启蒙发展阶段、规范管理的标准化阶段、应用到各个领域的普及阶段。同时，多媒体技术的发展主要体现在以下几个方面：

（一）文本

文本信息在各个领域都发挥着重要作用，在多媒体发展初始阶段文字表达是其主要表达手段直至今日它依然是主要表达手段之一。尤其在多媒体教学领域，文字更是不可或缺的。比如：在多媒体的教学过程中，文字信息中包含了大量的教育教学的信息，而且文字信息的地位是不可替代的。另外，在多媒体教学过程中学生自主学习时，文字信息可以更详细明了地指导学生了解过程以及解决遇到的各种困难，从而可以使他们能够自学一些比较简单的功能，其界面操作的友好性和导航性大大加强。在反馈信息中，文字信息是表达情感和认知的最简单、最直接的方式，同时包含了丰富的信息且其可操作性较强。

文本信息一大特点就是可以方便读者反复阅读，从容理解，不受时间和空间约束，但是，由于少量的文本信息所表达的信息量有限，要想表达更多的信息必须要用大量的文字来描述，因此，长时间阅读大量文字时容易引起视觉疲劳且是比较沉闷的。另外，由于文字描述的信息较抽象，读者需要思考，便需要读者有一定的想象力去畅想文本描述的影像。不同读者对所阅读的文本的理解也不完全相同，一百个人读相同一篇文章可能会得到一百种解读。当信息量巨大时，多媒体信息比文本信息更容易阅读，友好性也更强，也更容易吸引人的注意力。

（二）图片

图片可以表达文字难以描述的信息，看上去也更直观、更形象。现在比较流行的软件中常用的功能都是以图形符号或图片的形式来表达，用户只需点击这些图标就可轻松完成各项操作。与文本信息相比，图片信息表现出来的会更加直观、形象，抽象度也较低，容易理解，更让人感兴趣。不论是宇宙中的天体还是微小的细胞，甚至是对未来的畅想都可用图片形象来表述。

图形和图像是图片的两种表现形式，其中图形是指从点、线、面到三维空间的黑白或彩色几何图，也称量图。图像通常是指静态图像，即通过一个矩阵的形式来表示，其元素代表空间的一个点，称之为像素点，这种图像也称位图，其中位图中的"位"用来定义图中每个像素点的颜色和高度。黑白线条图常用1位值表示，灰度图常用4位（16种灰度等级）或8位（256种灰度等级）来表示该点的高度，而彩色图像则有多种描述方法。位图图像适合用来表现层次和色彩比较丰富、包含大量细节的图像。需要明确的是，彩色图像需要由硬件（显示卡）合成显示。

(三) 音频技术

相较于其他多媒体技术，音频技术早就开始发展，并已日趋成熟且以产品的形式进入人们的家庭，比如：数字音响的出现。音频技术主要包括四个方面的技术：音频数字化技术、语音处理技术、语音合成技术、语音识别技术。

音频数字化的发展已经较为成熟，数字音响的设计就采用了多媒体声卡；音频处理技术包括的内容较多，集中体现在音频压缩技术上，而最新的 MPEG 语音压缩算法使得音频处理的发展更进一步，它能将原始音频数据压缩为原来的 1/6；语音合成技术主要是将正文进行语言合成后播放，一些国外的语音合成技术已达到实用阶段，国内语音合成技术相对较弱，不过近年来也有了突飞猛进的发展；与其他三项技术相比，语音识别技术难度最大，一直是音频技术领域中的一个研究热点。

(四) 视频技术

视频技术主要包括视频编码技术和视频数字化技术两个方面。虽然视频技术的发展相对较晚，不过将视频技术与 MPEG 压缩技术相结合而形成的产品也已应用于人们的生活。

视频编码技术是指将数字信号编码成电视信号；而视频数字化技术是指将连续性的模拟信号转换成计算机可识别的数字信号。在具体的环境中要结合实际情况具体分析采用哪种视频技术。

(五) 图像压缩技术

图像压缩技术可以说是多媒体技术领域内一直以来的一个研究热点，因为它是前面两种技术的基础，现在的图像压缩主要包括 JPEG 和 MJPEG 两种压缩技术。

JPEG 技术主要用于静态图像的压缩，主要包括无失真编码算法和有失真编码算法。无失真编码算法采用空间线性预测技术 (DPCM)，其特点是压缩比小，无失真；有失真编码算法采用离散余弦变换和哈夫曼编码方法，其特点是压缩比大，但有损失，不过目前常用的是这种方法。MJPEG（Motion JPEG）压缩技术标准是一种简单的帧内 JPEG 压缩，主要来源于 JPEG 图片压缩技术，它对视频的每一帧进行压缩，压缩比率较小，但数量大。不过它也存在着一些明显的缺陷：出现丢帧现象且压缩效率相对较低。

毋庸置疑，多媒体技术的应用领域是非常广泛的，它已渗透到人们生活的各个角落。现在多媒体技术主要应用在以下几个方面：

（一）娱乐和游戏

多媒体技术丰富了人们的娱乐消遣方式，人们不仅可以应用它听音乐、看视频，而且可以玩角色游戏。

（二）培训和教育

多媒体计算机在驾考培训、医学培训中发挥了极大的作用，它可以提供一种模拟的场景使受训人员得到训练。此外，多媒体技术为教育行业注入了新的血液，与传统的黑板教学相比，利用投影仪等多媒体技术教学更能吸引学生的注意力。教师可以将授课内容以丰富多彩的视频、图片、动画等形式展示给学生，这种教学方式更加灵活、生动形象。

（三）商业

在商业领域中应用多媒体技术为商家的广告宣传带来了很好的效果，在广告中应用动画、视频等多媒体元素使得消费者对广告的印象更为深刻。

（四）信息

利用存储空间大的存储器，如 DVD 和 CD-ROM，可以将多媒体音频、视频、图像信息存储于其中，由此又产生大量的信息化产品。如多媒体会议、多媒体电子邮件、电子图书、地理系统等电子工具都是多媒体应用的最直接的体现。

（五）工程模拟

借助多媒体技术，人们可以模拟建筑物室内外的环境效果以便找到肉眼不易观察到的效果,从而为工程的顺利进行带来便利。

(六) 服务

多媒体可以为家庭生活带来各种便利的服务,如家庭商场、家庭医生等。

四 多媒体检索

将信息检索和多媒体结合起来便组成了多媒体信息检索。如前所述,多媒体信息检索是指直接基于文本、图像、音频、视频等对象的检索技术,通过提取多媒体信息的特征数据并组织存储在数据库中,建立索引,然后对其进行相似性匹配运算,得到用户所需的信息,并通过用户反馈的相关性进行不断的调整和改进。与传统的基于文本的信息检索相比多媒体检索的不同之处在于,普通的基于文本信息检索技术采用的是关键字的精确匹配查询,而多媒体检索采用的是相似性匹配算法,这大大提高了检索结果的准确性和召回率。

基于图像、视频、音频的多媒体检索也可以合成为基于内容的多媒体信息检索。这三种对象的检索原理和特征也各不相同。

图像检索的原理是根据提取的图像形状、纹理、颜色、对象空间属性等内容来建立这些图像的特征索引库然后进行检索匹配的,采用的特征提取方法包括相关曲线图、边缘密度比较和灰度图像量化;视频检索则主要是对视频的片段划分、特征提取、索引建库,常用的方法包括基于属性和基于对象的方法,常用的视频特征包括颜色、纹理、形状、空间联系、原始语义、显示、客观属性、主观属性、动作、文本和领域概念;而音频检索主要有3个步骤:首先,量化所选音频的音调、音色、强度等特征,再通过多种分析技术把选取到的大量的音频数据减少到一小组变量。其次,将这N个特征作为N维向量,再把听觉属性映射到对应的N维空间中。最后，计算存储在 N 维空间中每个属性的自相关性、音长、方差、均值等内容。这就完成了识别、分类并检索音频信息。

计算机网络技术发展迅速，多媒体信息已成为网络信息资源中的主要表达形式，可以说，多媒体检索应用前景非常广阔，以下是多媒体检索的几个具体应用：

（一）多媒体检索在数字档案中的应用

多媒体检索以其模糊化、智能化的特点在数字档案管理中发挥着重要作用。传统档案馆中存储的档案都变为以数字信息的形式存储在数据库中，如传统档案馆环境下的图片及一些珍贵的历史档案在数字档案馆环境下都变为数字化的图像信息，传统档案馆环境下的录像都数字化成了视频档案。在对图片档案和视频档案建立索引时，通过对同一份图像或视频资料提取多个特征来满足不同用户查询时的要求，在很大程度上提高了检索的效率。

（二）多媒体检索在自动识别技术中的应用

根据说话人的语音声纹自动检测判断说话人的身份；应用人脸识别技术自动识别镜头中的人物身份，防止不明身份者进入；要得到各个音频片段的文本表示，可以应用连续语音识别技术来检索判别音频，进行切分；同理，要得到图片和视频的文本表示，可以对图像或视频的翻译图片中的文字信息进行字符识别和检索。

除此之外，多媒体检索技术也广泛应用在其他方面，如电子会议系统、军事指挥系统、远程教学、远程医疗、天气预报等领域中。再比如，用户不需要查看整个文本信息就可以确定查询结果是否是自己想要的内容，因为摘要功能可以自动对文本信息进行摘要概括；为了使相关数据更为准确，可以通过自然语言查询或者相关查询对查询结果进行筛选判断；世界各地的用户可以安全地享受到数字图书馆发送的物理信息；聚集功能也给用户带来了极大便利，它可以让查询结果按照一定的规则组织在用户能够识别的信息中。

五　数据挖掘

从技术层面上讲，数据挖掘是指从大量的、随机的、不完全的、嘈杂的数据中，提取出隐含在其中的、人们事先不知道的、并具有潜在价值的信息的过程。这个定义体现出四个内容：数据源必须是大量的、随机的、含噪声的；发现的必须是用户感兴趣的信息；发现的信息必须是可用的、可理解的；并不要求发现的信息是放之四海而皆准的知识，只要可以用于特定的问题即可。数据挖掘可以看作一门交叉学科，它把人们从对数据的低层次的简单查询提升到从数据中挖掘出知识的高度。在这种需求的牵引下，数据挖掘汇聚了不同领域的研究者，尤其是数据库技术、人工智能技术、数理统计、可视化技术、并行计算等方面的学者。

数据挖掘的最终目标是发现潜在的、隐含的、有意义的信息，它可以对未来的趋势及行为作出预测，从而制定出有效的、明智的决策系统，其主要包含 5 项功能：

（一）自动预测趋势及行为

自动预测趋势及行为这项功能最典型的应用就是市场预测问题，因为数据挖掘可以自动寻找大型数据库中存储的对未来有用的信息，如可以根据历史消费记录寻找在未来一段时间内能使商家获益最大的用户，这就省去了以往的手工寻找的不便之处。

（二）关联分析

关联分析是数据挖掘中很重要的一类技术，其实就是挖掘事物之间的联系。关联分析研究的关系有两种：简单关联关系和序列关联关系。关联分析中的典型案例便是沃尔玛案例了，若不是应用关联规则，按照一般思维来分析，很少有人能把啤酒和尿布联系在一起。

（三）聚类

聚类是在不知道欲划分类的情况下，将数据按照相似度大小划分成一个个子集。聚类的目的是要把相关性强的数据对象聚集在一起，而将不同类别的对象间的差距变得尽可能大。通过聚类，人们能够识别密集和稀疏的区域，以及数据属性之间的内在联系。

（四）概念描述

概念描述是数据挖掘的一个重要组成部分，概念描述讲的就是描述型数据挖掘，概念描述的是数据的特征和比较描述。

（五）偏差检测

异常检测也称为例外挖掘。数据库中经常会出现数据记录异常的情况，这时就要使用偏差检测技术来检测出这些偏差，在偏差中往往会包含很多隐藏的知识，观测结果与模型预测值的偏差、不满足预定义规则的特例、量值随时间的变化和分类中的反常实例等，目前，所应用的偏差检测的主要方法是寻找参照值和观测结果之间有意义的差别。

数据挖掘的提出可以解决许多商业问题，因为它是面向应用的，如可以应用在客户信用积分、客户流失性分析、数据库营销、客户群体划分等商业领域。

基于数据挖掘的精准营销策略往往会给企业带来极大的收益，企业通过向顾客发放与他们以往的消费记录有关的推销材料使顾客持续消费。如美国的读者文摘出版社，每天24小时不间断地运行着一个大型数据库，这个数据库中记录了他们40多年来的业务数据。通过对这些数据的挖掘和分析，这个出版社了解了读者的兴趣爱好，从而不断扩展自己的业务。再比如，美国的食品公司卡夫公司，他们拥有一个记录了3000万客户数据的大型数据库，通过分析这些对公司的推销策略做出积极响应的客户数据，卡夫公司了解了客户的口味，之后便针对特定客户发送特定产品的优惠券，因此公司每年收益都很大。

此外，数据挖掘还有一个广泛应用就是在企业危机管理中的应用，具体包括：利用网页挖掘搜集外部环境信息；分析企业经营信息；识别、分析和预防危机；改善客户关系管理；信用风险分析和欺诈甄别；控制危机等。有效地利用先进的数据挖掘技术加强企业的危机管理工作，可以使企业适应迅速变化的环境市场。

第三节 国内外研究现状

一 话题检测与跟踪

与本书密切相关的是文本信息检索领域中的"话题检测与跟踪（Topic Detection and Tracking，TDT）"[1][2][3][4][5]。话题检测与跟踪主要研究的是如何有效组织新闻和文档，话题检测与跟踪的目标是检测新的主题和文本消息流并跟踪已知事件，而已知事件是指"发生在一个特定的时间和地点，以及所有必要的先决条件和不可避免的后果"[6]。事实上，网络视频的事件挖掘属于话题检测与跟踪的范畴。话题检测与跟踪在文本领域，"已经做了大量且卓有成效的研究工

---

[1] Li H, Zheng T, Zheng G, "Confidence Measure Based on Context Consistency Using Word Occurrence Probability And Topic Adaptation For Spoken Term Detection" Ieice Transactions on Information And Systems, Vol. E97-D, No. 3, 2014.

[2] Xu J, Li H, Zhao Y, Et Al, "Online High-Quality Topic Detection For Bulletin Board Systems" Ieice Transactions on Information And Systems, Vol. E97-D, No. 2, 2014.

[3] Li C, Ye Y, Zhang X, Et Al, "Clustering Based Topic Events Detection on Text Stream" In Proceedings of the 6th Asian Conference on Intelligent Information And Database Systems, Bangkok, Tailand, April 2014.

[4] Micah D, Ravi K, Joseph M, Et Al, "Visualizing Tags Over Time" In Proceedings of the Conference on World Wide Web, Edinburgh, Scotland, May 2006.

[5] Fung G P C, Yu J X, Yu P S, Et Al, "Parameter Free Bursty Events Detection In Text Streams" In Proceedings of the 31st International Conference on Very Large Data Bases, Trento, Italy, October 2005.

[6] Chen K-Y, L L, S. C. T C, "Hot Topic Extraction Based on Timeline Analysis And Multidimensional Sentence Modeling" IEEE Transactions on Knowledge And Data Engineering, Vol. 19, No. 8, 2007.

第一章　绪论

作"[1][2][3][4]。最近,"在微博领域也做了很多研究工作"[5][6][7]。"事件的线索与追踪也是话题检索与跟踪中的一个重要的研究方向"[8][9],"话题结构的建构和话题内容的总结方面也是话题检索与跟踪的一个重要研究领域"[10][11][12]。

---

[1]　Wang X, Zhai C, Hu X, Et Al, "Mining Correlated Bursty Topic Patterns From Coordinated Text Streams" In Proceedings of the 13th Acm Sigkdd International Conference on Knowledge Discovery and Data Mining, San Jose, California, USA, June 2007.

[2]　Nallapati R, Feng A, Peng F, Et Al, "Event Threading Within News Topics" In Proceedings of the Thirteenth Acm International Conference on Information and Knowledge Management, Washington, D. C., USA, October 2004.

[3]　Wang C, Zhang M, Ma S, Et Al, "Automatic Online News Issue Construction In Web Environment" In Proceedings of the 17th International Conference on World Wide Web, Beijing, China, May 2008.

[4]　Mei Q, Zhai C, "Discovering Evolutionary Theme Patterns From Text: An Exploration of Temporal Text Mining" In Proceedings of the Eleventh Acm Sigkdd International Conference on Knowledge Discovery In Data Mining, August 2005.

[5]　Cossu J V, Bigot B, Bonnefoy L, Et Al, "Towards the Improvement of Topic Priority Assignment Using Various Topic Detection Methods For E-Reputation Monitoring on Twitter" In Proceedings of the 19th International Conference on Applications of Natural Language to Information Systems, Las Vegas, November 2014.

[6]　Guo D, Liao X, "Microblog Hot Topic Detection Based on Box-Plot" Journal of Shanxi University Natural Science Edition, Vol. 37, No. 1, 2014.

[7]　Guo Y, Lyu X, Li Z, "Bursty Topics Detection Approach on Chinese Microblog Based on Burst Words Clustering" Journal of Computer Applications, Vol. 34, No. 2, 2014.

[8]　Nallapati R, Feng A, Peng F, Et Al, "Event Threading Within News Topics" In Proceedings of the Thirteenth Acm International Conference on Information and Knowledge Management, Washington, D. C., USA, October 2004.

[9]　Hsu W H, Chang S-F, "Topic Tracking Across Broadcast News Videos With Visual Duplicates And Semantic Concepts" In Proceedings of the IEEE International Conference on Image Processing, ICIP, August 2006.

[10]　Fung G P C, Yu J X, Liu H, Et Al, "Time-Dependent Event Hierarchy Construction" In Proceedings of the 13th Acm Sigkdd International Conference on Knowledge Discovery And Data Mining, San Jose, California, USA, June 2007.

[11]　Tan S, Tan H-K, Ngo C-W, "Topical Summarization of Web Videos By Visual-Text Time-Dependent Alignment" In Proceedings of the International Conference on Multimedia, Firenze, Italy, August 2010.

[12]　Chen C C, Chen M C, "Tscan: A Novel Method For Topic Summarization And Content Anatomy" In Proceedings of the 31st Annual International Acm Sigir Conference on Research And Development In Information Retrieval, Singapore, August 2008.

▶ 跨媒体网络事件检测与跟踪研究

　　随着大规模网络视频的爆炸式增长,"如何帮助普通用户更加方便快捷地浏览搜索引擎返回的众多搜索结果逐渐成为一个研究热点"[1][2][3][4][5][6][7][8]。在多媒体领域,关于话题检测与跟踪的相关研究早已展开。例如:一些作者分别在文章中"对基于视觉内容的多媒体信息检索中常用的方法以及遇到的一些挑战做了详细的介绍"[9],"对基于语义概念的视频检索做了详细的介绍"[10],"将多模态聚类方法应用到多媒体检索领域"[11],"尝试利用语音信息对视频中的事

---

[1] Zhu X, Fan J, Elmagarmid A K, Et Al, "Hierarchical Video Content Description And Summarization Using Unified Semantic And Visual Similarity" Multimedia Syst, Vol. 9, No. 1, 2003.

[2] Peng Y, Ngo C-W, "Hot Event Detection And Summarization By Graph Modeling And Matching" In Proceedings of the 4th International Conference on Image And Video Retrieval, Singapore, July 2005.

[3] Ide I, Mo H, Katayama N, Et Al, "Topic Threading For Structuring A Large-Scale News Video Archive" In Proceedings of the Conference on Image And Video Retrieval, July 2004.

[4] Ide I, Mo H, Katayama N, Et Al, "Exploiting Topic Thread Structures In A News Video Archive For the Semi-Automatic Generation of Video Summaries" IEEE International Conference on Multimedia & Expo, August 2006.

[5] Okuoka T, Takahashi T, Deguchi D, Et Al, "Labeling News Topic Threads With Wikipedia Entries" In Proceedings of the 11th IEEE International Symposium on Multimedia (ISM), Karlova, USA, December 2009.

[6] Ide I, Kinoshita T, Takahashi T, Et Al. Efficient Tracking of News Topics Based on Chronological Semantic Structures In A Large-Scale News Video Archive [J]. Ieice Transactions on Information And Systems, Vol. E95d, No. 5, 2012.

[7] Liu H-T, Lao S-Y, Bai L, Et Al. News Video Event Topic Analysis Based on Stories [J]. Journal of National University of Defense Technology, Vol. 33, No. 5, 2011.

[8] Neo S-Y, Ran Y, Goh H-K, Et Al, "The Use of Topic Evolution to Help Users Browse And Find Answers In News Video Corpus" In Proceedings of the 15th International Conference on Multimedia, Augsburg, Germany, September 2007.

[9] Lew M S, Sebe N, Djeraba C, Et Al "Content-Based Multimedia Information Retrieval: State of the Art And Challenges" Acm Transactions on Multimedia Compututer Community Application, Vol. 2, No. 1, 2006.

[10] Hauptmann A G, Christel M G, Rong Y, "Video Retrieval Based on Semantic Concepts" In Proceedings of the IEEE, Vol. 96, No. 4, 2008.

[11] Messina A, Montagnuolo M, "A Generalised Cross-Modal Clustering Method Applied to Multimedia News Semantic Indexing And Retrieval" In Proceedings of the 18th International Conference on World Wide Web, Madrid, Spain, April 2009.

件进行挖掘"[1],"提出利用语义与视觉相似性进行视频检索"[2],"将新闻视频分割为新闻故事,然后以图的结构来构造故事间的相关性,通过以时间为序的有向图而形成线索结构"[3],"针对事件组织提出了一种新的层次结构框架,并提出高层事件是由可检测的低层事件来决定的"[4]。

然而,由于优兔中的网络视频通常都是由普通用户上传的,这些数据往往表现出以下几个特性:较强的主观性、信息不完整性、语义信息模糊性以及噪声较多等。因此,"网络视频的视觉近似图像检测在网络视频的事件挖掘中显得至关重要"[5][6][7][8]。对于视觉近似图像和视觉近似视频的检测与研究,在学术界早已引起了高度关注,"不仅做了大量的相关研究工作,而且已提出多种视觉近似图

---

[1] Wang Y, Rawat S, Metze F, "Exploring Audio Semantic Concepts For Event-Based Video Retrieval" In Proceedings of the 2014 IEEE International Conference on Acoustics, Speech And Signal Processing (Icassp), May 2014.

[2] Andre B, Vercauteren T, Buchner A M, Et Al, "Learning Semantic And Visual Similarity For Endomicroscopy Video Retrieval" IEEE Transactions on Medical Imaging, Vol. 31, No. 6, 2012.

[3] Ide I, Mo H, Katayama N, "Threading News Video Topics" In Proceedings of the 5th Acm Sigmm International Workshop on Multimedia Information Retrieval, Berkeley, California, June 2003.

[4] Duygulu P, Pan J-Y, Forsyth D A, "Towards Auto-Documentary: Tracking the Evolution of News Stories" In Proceedings of the 12th Annual Acm International Conference on Multimedia, New York, Ny, USA, October 2004.

[5] Zhang S, Tian Q, Hua G, Et Al, "Generating Descriptive Visual Words And Visual Phrases For Large-Scale Image Applications" IEEE Transactions on Image Processing, Vol. 20, No. 9, 2011.

[6] Zheng Q-F, Gao W, "Constructing Visual Phrases For Effective And Efficient Object-Based Image Retrieval" Acm Transactions Multimedia Computer Community Appllication, Vol. 5, No. 1, 2008.

[7] Peng Y, Ngo C-W. Emd-Based Video Clip Retrieval By Many-To-Many Matching [C]. In Proceedings of the 4th International Conference on Image And Video Retrieval, Singapore, July 2005.

[8] Zhao W, Jiang Y-G, Ngo C-W, "Keyframe Retrieval By Keypoints: Can Point-To-Point Matching Help?" In Proceedings of the 5th International Conference on Image And Video Retrieval, CIVR, July 2006.

像检测方法"[1][2][3],并"利用视觉重复信息或语义信息进行话题跟踪"[4][5][6][7][8][9]。其中,视觉近似图像检测方法主要分为两种:侧重于快速检测和强调检测的准确性。由于,前者主要侧重于快速检索,因此,此方法通常采用下面几种常用的全局特征:颜色、纹理、形状和运动等。此类方法通常比较适用于视觉内容相似度较高的图像或视频的检测,但是此类方法对于空间和时序上部分相似的图像或视频仍然表现出不够稳定的特性。因此,为了更准确地检测视觉相关的图像或视频,目前,比较流行的方法是采用局部关键点的方法进行相关匹配。经大量研究表明此方法具有良好的性能,其中,于1999年被大卫(David G. Lowe)提出的图像局部特征描述算子—SIFT(Scale Invariant Feature Transform)最具有代表性。

---

[1] Zhao W-L, Ngo C-W, Tan H-K, Et Al, "Near-Duplicate Keyframe Identification With Interest Point Matching And Pattern Learning". IEEE Transactions on Multimedia, Vol. 9, No. 5, 2007.

[2] Jegou H, Douze M, Schmid C, "Hamming Embedding And Weak Geometric Consistency For Large Scale Image Search" In Proceedings of the 10th European Conference on Computer Vision, October 2008.

[3] Zhang D-Q, Chang S-F, "Detecting Image Near-Duplicate By Stochastic Attributed Relational Graph Matching With Learning" In Proceedings of the 12th Annual Acm International Conference on Multimedia, New York, USA, October 2004.

[4] Jiang Y-G, Ngo C-W, "Visual Word Proximity And Linguistics For Semantic Video Indexing And Near-Duplicate Retrieval" Computer Vision And Image Understanding,, Vol. 113, No. 3, 2009.

[5] Pavan T, Ashok V, Rama C, "Unsupervised View And Rate Invariant Clustering of Video Sequences" Computer Vision And Image Understanding, Vol. 113, No. 3, 2009.

[6] Wu X, A. G. H, Ngo C-W, "Measuring Novelty And Redundancy With Multiple Modalities In Cross-Lingual Broadcast News" Computer Vision And Image Understanding, Vol. 110, No. 3, 2008.

[7] Mohammed B, Bashar T, "Near-Duplicate Video Detection Featuring Coupled Temporal And Perceptual Visual Structures And Logical Inference Based Matching" Information Processing & Management, Vol. 48, No. 3, 2012.

[8] Sebe N, Tian Q, Lew M S, Et Al, "Similarity Matching In Computer Vision And Multimedia" Computer Vision And Image Understanding,, Vol. 110, No. 3, 2008

[9] Wei X-Y, Ngo C-W, Jiang Y-G, "Selection of Concept Detectors For Video Search By Ontology-Enriched Semantic Spaces" IEEE Transactions on Multimedia, Vol. 10, No. 6, 2008.

第一章 绪论

SIFT 具有以下特性：对图像缩放、旋转和仿射变换均保持不变[1]，并且其在图像和视频的相关性检索中引起了人们的重视。由于，它们可以较好地保持局部变换的稳定性，因此，任一图像中的突出区域均可用如下局部关键点检测器，即利用"DoG"[2] 和"Harris-Affine"[3] 等进行检测，与此同时，用 SIFT 描述器进行表示。然而，与全局特征相比，局部关键点能够更好地容忍光学以及几何变化的稳定局部区域，并可用于描述局部关键点特征，从而可以进一步地利用该区域周围的关键点来较好地描述其空间结构和局部方向性。2004 年"分别提出了两种基于局部关键点方法，并用于近似图像的检测"[4][5]。随后，"将一对一关键点对称匹配算法 OOS 用以衡量图像之间的近似度"[6]。大量研究表明，"局部关键点在目标匹配以及图像的相似性检测等领域均表现出比较良好的性能"[7]。然而，由于基于局部关键点的方法运行速度较慢，且仍然无法满足大规模近似图像相似性的检测，因此人们提出多种方法用以解决局部特征点计算量过大的问题，并尝试用以解决加速一对一关键点匹配的最近

---

[1] Lowe D G, "Distinctive Image Features From Scale-Invariant Keypoints" International Journal of Computer Vision, Vol. 60, No. 2, 2004.

[2] Lowe D G, "Distinctive Image Features From Scale-Invariant Keypoints" International Journal of Computer Vision, Vol. 60, No. 2, 2004.

[3] Mikolajczyk K, Schmid C, "Scale & Affine Invariant Interest Point Detectors" International Journal of Computer Vision, Vol. 60, No. 1, 2004.

[4] Ke Y, Sukthankar R, Huston L, "Efficient Near-Duplicate Detection And Sub-Image Retrieval" In Proceedings of the Conference on Acm Multimedia, October 2004.

[5] Ngo C-W, Zhao W-L, Jiang Y-G, "Fast Tracking of Near-Duplicate Keyframes In Broadcast Domain With Transitivity Propagation" In Proceedings of the 14th Annual Acm International Conference on Multimedia, Santa Barbara, Ca, USA, October 2006.

[6] Ngo C-W, Zhao W-L, Jiang Y-G, "Fast Tracking of Near-Duplicate Keyframes In Broadcast Domain With Transitivity Propagation" In Proceedings of the 14th Annual Acm International Conference on Multimedia, Santa Barbara, Ca, USA, October 2006.

[7] Zhao W-L, Ngo C-W, "Scale-Rotation Invariant Pattern Entropy For Keypoint-Based Near-Duplicate Detection" IEEE Transactions on Image Processing, Vol. 18, No. 2, 2009.

邻搜索问题。其中，主要包括"局部敏感哈希方法（LSH）"[1] 和"基于特征点的搜索结构 LIP – IS"[2] 等方法。虽然，这些方法能够从某种程度上过滤掉某些不必要的相关检测步骤，但是，大量的局部特征点以及较高的维数并不能从本质上改进基于局部关键点的方法的匹配速度。另一个比较流行的方法是"视觉关键字"（visual keywords，VK）[3]。该方法的核心思想是将关键特征点量化为一些集合或者字典，然后，每个集合均可视为一个关键字或者单词，并通过单词直方图的方式来表达一幅图像。此种方式更便于图像间的快速匹配。类似于文本的信息检索，向量空间模型和语言模型均可应用于视觉关键字领域，并用来评价关键帧的相关度[4]。视觉关键字，可以大大提高图像的相似性检测的速度。局部特征点的提出对多媒体领域的视觉相似性检测提供了巨大帮助，并在一定程度上实现了新的突破，一些传统方法无法处理的问题得以较好地解决。与此同时，"视觉近似图像的检测已经在多媒体领域得到了广泛应用"[5]。可以将相似的网络视频用于网络视频的新奇性重排序、视觉相似或内容重复的网络视频的删除等，从而"使得搜索引擎返回的搜索结果呈现出视觉或内容的多样化"[6]。虽然有些视觉近似的网络视频不能简单地删除，但是它们仍然可以用于挖掘事件的进一步发展情

---

[1] Ke Y, Sukthankar R, Huston L, "Efficient Near-Duplicate Detection And Sub-Image Retrieval" In Proceedings of the Conference on Acm Multimedia, October 2004.

[2] Ngo C-W, Zhao W-L, Jiang Y-G, "Fast Tracking of Near-Duplicate Keyframes In Broadcast Domain With Transitivity Propagation" In Proceedings of the 14th Annual Acm International Conference on Multimedia, Santa Barbara, Ca, USA, October 2006.

[3] Sivic J, Zisserman A, "Video Google: A Text Retrieval Approach to Object Matching In Videos" In Proceedings of the Ninth IEEE International Conference on Computer Vision, October 2003.

[4] 同上

[5] Yahiaoui I, Merialdo B, Huet B, "Automatic Video Summarization" In Proceedings of the Conference on Cbmir, July 2001.

[6] Wu X, Hauptmann A G, Ngo C-W, "Practical Elimination of Near-Duplicates From Web Video Search" In Proceedings of the 15th International Conference on Multimedia, October 2007.

况,而"内容重复的镜头则可用于事件跟踪的研究"[1][2][3]。作者在文章中"利用文本信息间的相互关联以及视觉关键帧间的匹配将不同电视频道的新闻故事连接在一起"[4]。

本书充分利用上述提到的局部特征点方法,进行视频间关键帧的相似性检测,并得到了视觉近似关键帧。其中,"视觉近似关键帧是指一组拥有相似的视觉信息的关键帧,但它容易受采集时间、照明条件和视频编辑的影响"[5][6]。视觉近似关键帧的检测是指通过计算关键帧间的相似性并将视觉内容重复的关键帧聚类的过程。视觉近似关键帧的检测,"在计算视频剪辑间的相似度和跟踪多语种来源的视频镜头方面起着重要的作用"[7]。

近年来,"通过文本和视觉信息的融合进行话题检索与跟踪已成为新的热点"[8][9]。文章"提出了一种新方法利用特征轨迹来发

---

[1] Tan H-K, Ngo C-W, "Localized Matching Using Earth Mover's Distance Towards Discovery of Common Patterns From Small Image Samples" Image And Vision Computing, Vol. 27, No. 10, 2009.

[2] Peng Y, Ngo C-W, Xiao J, "Om-Based Video Shot Retrieval By One-To-One Matching" Multimedia Tools And Applications, Vol. 34, No. 2, 2007.

[3] Jiang H, Ngo C-W, Tan H-K, "Gestalt-Based Feature Similarity Measure In Trademark Database" Pattern Recognition, Vol. 39, No. 5, 2006.

[4] Zhai Y, Shah M, "Tracking News Stories Across Different Sources" In Proceedings of the 13th Annual Acm International Conference on Multimedia. Hilton, Singapore, October 2005.

[5] Law-To J, Buisson O, Gouet-Brunet V, Et Al, "Robust Voting Algorithm Based on Labels of Behavior For Video Copy Detection" In Proceedings of the 14th Annual Acm International Conference on Multimedia, Santa Barbara, Ca, Usa, October 2006.

[6] Liang Y, Li J, Zhang B, "Vocabulary-Based Hashing For Image Search" In Proceedings of the 17th Acm International Conference on Multimedia, Acm, October 2009.

[7] Lowe D G, "Distinctive Image Features From Scale-Invariant Keypoints" International Journal of Computer Vision, Vol. 60, No. 2, 2004.

[8] Wang F, Ngo C-W, Pong T-C, "Structuring Low-Quality Videotaped Lectures For Cross-Reference Browsing By Video Text Analysis" Pattern Recognition, Vol. 41, No. 10, 2008.

[9] Wu X, Lu Y-J, Peng Q, Et Al, "Mining Event Structures From Web Videos" IEEE Multimedia, Vol. 18, No. 1, 2011.

现、跟踪、监控和可视化网络视频的话题"[①],并通过文本信息的相关性和视觉关键帧间的匹配关系进行话题聚类。文章"利用故事和文字视觉概念之间的二元性进行话题检测与跟踪"[②]。

虽然,研究人员在话题检索与跟踪领域已经做了大量的研究工作,并取得了丰硕的成果。但是,网络视频的新特点给网络视频的事件挖掘带来新的问题与挑战。与此同时,在大数据和互联网的背景下,网络视频的事件挖掘更具有研究的价值与意义。

二 特征轨迹

某个热点事件的发生,通常会伴随着一些代表性的单词会集中出现在这一段时间内,而这些单词却很少出现在其他时间段内。这些具有相同趋势或者模式的单词暗示了它们的一致性。通过分析这些突发性单词的相关性,可以通过聚类的方式将这些经常出现在一起的关键字聚合在一起,从而话题中的一些关键事件可以以一种非监督的方式被挖掘出来。同样地,近似图像也可用类似的方法,构造视觉特征的时间序列轨迹。

在文本领域,特征轨迹是一个很重要的特征。文章"通过分析单词的特征轨迹在时间序列上的分布特性,将单词分为重要却很少报道的单词、周期性出现的单词和非周期性出现的单词"[③]。文章"提出利用单词时间分布特性挖掘热点单词,然后利用热点单词进

[①] Cao J, Ngo C-W, Zhang Y-D, Et Al, "Tracking Web Video Topics: Discovery, Visualization, And Monitoring" IEEE Transactions on Circuits And Systems For Video Technology, Vol. 21, No. 12, 2011.

[②] Liu L, Sun L, Rui Y, Et Al, "Web Video Topic Discovery And Tracking Via Bipartite Graph Reinforcement Model" In Proceedings of the 17th International Conference on World Wide Web, Beijing, China, August 2008.

[③] He Q, Chang K, Lim E-P, "Analyzing Feature Trajectories For Event Detection" In Proceedings of the 30th Annual International Acm Sigir Conference on Research And Development In Information Retrieval, Amsterdam, the Netherlands, October 2007.

行热点话题的挖掘"①。文章"提出了一个概率模型来分析随着时间正在变化的单词,并从文本流中检测突发事件"②。

在视觉领域,文章"初步探索了视觉近似关键帧的特征轨迹,并利用视觉特征轨迹与文本共同发生特征相结合进行网络视频的事件挖掘"③。文章"利用特征轨迹的方法进行话题的发现、追踪、监视和可视化"④。

然而,上述方法均是对文本或视觉特征轨迹的单独研究,并没有对视觉特征轨迹的属性或特点进行相关研究,也没有对文本与视觉特征轨迹之间的关系进行相关研究。并且,与网络视频相对应的文本信息有噪声多、数量有限和语义笼统等特点,使得文本特征轨迹较零散甚至不完整,这使得传统文本中的方法在网络视频领域应用的过程中遇到了新的问题。而视觉近似关键帧则从视觉角度强调了事件的重点,从而对文献信息给予有力补充。本书将探索视觉近似关键帧特征轨迹的性质及其特殊性,并研究合适的检测关联度的方法,例如:突发性特征轨迹相似度、频繁模式挖掘、特征共存性等方法。比较突发性特征轨迹、共存性以及频繁模式挖掘之间的差异,并将这些技术进行融合。研究文本特征轨迹与视觉特征轨迹之间的共性与差异并找到适合两者的相应策略,探讨其中的一致性以找出事件与视觉近似关键帧之间的对应关系。

---

① Chen K-Y, L L, S. C. T C, "Hot Topic Extraction Based on Timeline Analysis And Multidimensional Sentence Modeling" IEEE Transactions on Knowledge And Data Engineering, Vol. 19, No. 8, 2007.

② Wang X, Zhai C, Hu X, Et Al, "Mining Correlated Bursty Topic Patterns From Coordinated Text Streams" In Proceedings of the 13th Acm Sigkdd International Conference on Knowledge Discovery and Data Mining, San Jose, California, USA, June 2007.

③ Wu X, Lu Y-J, Peng Q, Et Al, "Mining Event Structures From Web Videos" IEEE Multimedia, Vol. 18, No. 1, 2011.

④ Cao J, Ngo C-W, Zhang Y-D, Et Al, "Tracking Web Video Topics: Discovery, Visualization, And Monitoring" IEEE Transactions on Circuits And Systems For Video Technology, Vol. 21, No. 12, 2011.

三 关联规则挖掘

关联规则挖掘（Association Rule Mining）已被广泛用于信息检索中。关联规则挖掘可用于发现大规模数据中数据间有效的共同发生关系[1][2]。文章"对关联规则挖掘面临的一些挑战和比较好的研究方向做了详细的介绍"[3]。文章"对基于关联规则的几种方法进行了详细的分析与比较"[4]。同时，关联规则算法已在多个领域得到了大量的应用和改进。文章"提出了一种文本分类的关联规则净化方法"[5]。文章"利用规则间的关系形成网络并用来提高分类效果"[6]。文章"提出了一种快速提取关联规则算法"[7]。文章"在规则产生阶段利用多重对应分析获得特征与类别之间的一种对应关系"[8]。文章"提出了一种关联规则与贝叶斯文相结合的方法"[9]。

---

[1] Agrawal R, Imieli T, Swami A, "Mining Association Rules Between Sets of Items In Large Databases" Sigmod Recognition, Vol. 22, No. 2, 1993.

[2] Shyu M L, Chen S C, Kashyap R L, "Generalized Affinity-Based Association Rule Mining For Multimedia Database Queries" Knowledge And Information Systems, Vol. 3, No. 3, 2001.

[3] Thabtah F, "Challenges And Interesting Research Directions In Associative Classification" In Proceedings of the 6th IEEE International Conference on Data Mining, ICDM, December 2006.

[4] Vishwakarma N K, Agarwal J, Agarwal S, Et Al, "Comparative Analysis of Different Techniques In Classification Based on Association Rules" In Proceedings of the 2013 IEEE International Conference on Computational Intelligence And Computing Research, December 2013.

[5] Thabtah F, Hadi W, Abu-Mansour H, Et Al, "A New Rule Pruning Text Categorisation Method" In Proceedings of the 7th International Multi-Conference on Systems Signals And Devices, January 2010.

[6] Li W, Cao L, Zhao D, Et Al, "CRNN: Integrating Classification Rules Into Neural Network" In Proceedings of the 2013 International Joint Conference on Neural Networks, August 2013.

[7] Hu K, Lu Y, Zhou L, Et Al, "Integrating Classification And Association Rule Mining: A Concept Lattice Framework" In Proceedings of the 7th International Workshop on New Directions In Rough Sets, Data Mining, And Granular-Soft Computing, January 1999.

[8] Lin L, Shyu M-L, Chen S-C, "Association Rule Mining With A Correlation-Based Interestingness Measure For Video Semantic Concept Detection" International Journal of Information And Decision Sciences, Vol. 4, No. 2-3, 2012.

[9] Zhao W, Zhang Y, Zhang S, "Bayesian Network With Association Rules Applied In the Recognition of Handwritten Digits" Sports Materials, Modelling And Simulation. Vol. 187, 2011.

文章"提出了一种贪婪算法"[1]。文章"将关联规则应用到决策树的构建中"[2]。文章"介绍了三种比较有趣的规则生成和选择方式：客观方式、主观方式和语义方式"[3]。文章"提到客观方式可以通过概率、统计学、距离或信息论等方法来计算"[4]。"马利克和坎德指出，客观方式也可以用于网络图像聚类的规则修剪"[5]。另外，文章"介绍了一系列客观兴趣度的度量方法，使用 Choquet 积分作为聚合算子来寻找最感兴趣的关联规则"[6]。文章"开发了一套趣味分析系统（IAS），以协助用户从一组关联规则中找到意想不到的规则"[7]。文章"引入镜头排序的概念作为视频浏览和汇总系统的主观兴趣度测量方法"[8]。文章"引入多重对应分析，并将其作为一种效的语义度量关联规则"[9]。

---

[1] Thabtah F A, Cowling P I,"A Greedy Classification Algorithm Based on Association Rule" Applied Soft Computing, Vol. 7, No. 3, 2007.

[2] Sami A, Takahashi M,"Decision Tree Construction For Genetic Applications Based on Association Rules" In Proceedings of the Conference on Tencon, August, 2006.

[3] Geng L, Hamilton H J, "Interestingness Measures For Data Mining: A Survey" Acm Comput Surveys, Vol. 38, No. 3, 2006.

[4] Lin L, Shyu M-L, Chen S-C, "Association Rule Mining With A Correlation-Based Interestingness Measure For Video Semantic Concept Detection" International Journal of Information And Decision Sciences, Vol. 4, No. 2-3, 2012.

[5] Malik H H, Kender J R, "Clustering Web Images Using Association Rules, Interestingness Measures, And Hypergraph Partitions" In Proceedings of the 6th International Conference on Web Engineering, Palo Alto, California, USA, October 2006.

[6] Le T T N, Huynh H X, Guillet F, "Finding the Most Interesting Association Rules By Aggregating Objective Interestingness Measures" Knowledge Acquisition: Approaches, Algorithms And Applications, Berlin, Springer-Verlag Berlin, Augurst 2009.

[7] Liu B, Hsu W., Chen S, Et Al, "Analyzing the Subjective Interestingness of Association Rules" Intelligent Systems And Their Applications, Vol. 15, No. 5, 2000.

[8] Yu B, Ma W-Y, Nahrstedt K, Et Al, "Video Summarization Based on User Log Enhanced Link Analysis" In Proceedings of the Eleventh Acm International Conference on Multimedia, Berkeley, Ca, USA, October 2003.

[9] Lin L, Shyu M-L, Chen S-C, "Correlation-Based Interestingness Measure For Video Semantic Concept Detection" In Proceedings of the IEEE International Conference on Information Reuse & Integration, California, USA, August 2009.

虽然关联规则挖掘已经在很多领域得到了广泛的应用，但是在多媒体挖掘领域中视觉近似关键帧间方面的关联规则研究还很少。这促使本书利用视觉近似关键帧中文本信息的分布特征来提高事件挖掘的效率，特别是用来提高动态关联规则挖掘方面的效率。

四　多重对应分析

"多重对应分析（Multiple Correspondence Analysis）将对应分析（Correspondence Analysis）扩展到多个变量。"[1] "对应分析是用来探索/描述的数据分析技术，它可以用来分析双向和多向表的行和列之间的对应关系。"[2] 文章"已经证明多重对应分析能够有效捕捉变量之间的相关性"[3]。由于标签本身包含描述信息，因此"可以通过图像和标签信息的对应关系自动生成图像的描述信息，然后将检测到的标签和它对应的图像进行视觉分析"[4]。"多重对应分析

---

[1] Lin L, G. R, Shyu M-L, Et Al, "Correlation-Based Video Semantic Concept Detection Using Multiple Correspondence Analysis" In Proceedings of the Tenth IEEE International Symposium on Multimedia, California, USA, December 2008.

[2] Salkind N J, "Encyclopedia of Measurement And Statistics" Sage Publications, 2007, pp. 10-50.

[3] Lin L, G. R, Shyu M-L, Et Al, "Correlation-Based Video Semantic Concept Detection Using Multiple Correspondence Analysis" In Proceedings of the Tenth IEEE International Symposium on Multimedia, California, USA, December 2008.

[4] Kennedy L S, Naaman M, "Generating Diverse And Representative Image Search Results For Landmarks" In Proceedings of the 17th International Conference on World Wide Web, Beijing, China, April 2008.

已经在很多方面得到了广泛应用。"[1][2][3][4][5] 文章"已经成功地将多重对应分析应用到基于内容和基于上下文信息的图像分类中"[6]。"多重对应分析也已成功地应用到基于内容的视频概念检测中。"[7][8][9] 因此,可以通过多重对应分析来测量标签和视觉近似关键帧之间的相关性。

受多重对应分析的特性的启发,本书探索将多重对应分析应用到网络视频的事件挖掘中,以寻找和分析文本信息与视觉信息间的对应关系,从而通过融合文本与视觉信息以达到弥补各自的缺陷并提高事件挖掘效果的目的。

---

[1] Maupin P, Lepage R, Et Al, "Multiple Correspondence Analysis For Highly Heterogeneous Data Fusion" In Proceedings of the Third International Conference on Information Fusion, California, USA, August 2000.

[2] Wong S, Hernandez A I, Carre F, Et Al, "Study of Spectral Components of Ventricular Repolarization Variability By Multiple Correspondence Analysis" In Proceedings of the Conference on Computers In Cardiology, New York, USA, August 2005.

[3] Loslever P, Laassel E M, Angue J C. Combined Statistical Study of Joint Angles And Ground Reaction Forces Using Component And Multiple Correspondence Analysis [J]. IEEE Transactions on Biomedical Engineering, Vol. 41, No. 12, 1994.

[4] Wong S, Carrault G, Kervio G, Et Al, "Application of Multiple Correspondence Analysis to Asses the Relation Between Time After Transplantation And Sympathetic Activity In Cardiac Transplant Recipient" In Proceedings of the 30th Annual International Conference of the IEEE Engineering In Medicine And Biology Society, Embs, August 2008.

[5] Loslever P, Popieul J C, Simon P, Et Al, "Using Multiple Correspondence Analysis For Large Driving Signals Database Exploration. Example With Lane Narrowing And Curves" In Proceedings of the Conference on IEEE Intelligent Vehicles Symposium, Gold Coast, Australia, October 2010.

[6] Zhu Q, Lin L, Shyu M-L, Et Al, "Utilizing Context Information to Enhance Content-Based Image Classification" International Journal of Multimedia Data Engineering & Management, Vol. 2, No. 3, 2011.

[7] Lin L, G. R, Shyu M-L, Et Al, "Correlation-Based Video Semantic Concept Detection Using Multiple Correspondence Analysis" In Proceedings of the Tenth IEEE International Symposium on Multimedia, California, USA, December 2008.

[8] Chen C, Zhu Q, Lin L, Et Al, "Web Media Semantic Concept Retrieval Via Tag Removal And Model Fusion" Acm Transactions on Intelligente Systerm Technology, Vol. 4, No. 4, 2013.

[9] Zhang C-D, Wu X, Shyu M-L, Et Al, "A Novel Web Video Event Mining Framework With the Integration of Correlation And Co-Occurrence Information" Journal of Computer Science And Technology, Vol. 28, No. 5, 2013.

五　时空信息的事件挖掘

目前，"事件挖掘算法大多基于关键帧或利用静态概念的检测，并未有效利用事件的动态特性进行相关事件挖掘"[1]，其缺点是"基于关键帧的方法不能有效地探索经编辑或加入文字后的关键帧间的相似性以帮助事件挖掘"[2][3]。最近，"研究人员使用时间信息来表示视频序列的运动或活动"[4][5][6][7][8][9]，文章"设计了一种新的运动特征（基于 Bag-of-Visual-Words 扩展的相对运动直方图）"[10]。文章"将固定长度段中提取的密度运动特征轨迹做整个视频特征的比较，这种新方法解决了长度不同的视频间的匹配问题"[11]。文章

---

[1]　Zhang C-D, Wu X, Shyu M-L, Et Al, "A Novel Web Video Event Mining Framework With the Integration of Correlation And Co-Occurrence Information" Journal of Computer Science And Technology, Vol. 28, No. 5, 2013.

[2]　Wang F, Jiang Y-G, Ngo C-W., "Video Event Detection Using Motion Relativity And Visual Relatedness" In Proceedings of the 16th Acm International Conference on Multimedia, Vancouver, British Columbia, Canada, August 2008.

[3]　Liu D, Shyu M-L, "Effective Moving Object Detection And Retrieval Via Integrating Spatial-Temporal Multimedia Information" IEEE International Symposium on Multimedia, Tai Chuang, Tai Wan, December 2012.

[4]　Ren W, Singh S, Singh M, Et Al, "State-Of-The-Art on Spatio-Temporal Information-Based Video Retrieval" Pattern Recognition, Vol. 42, No. 2, 2009.

[5]　Liu D, Chen T, "Video Retrieval Based on Object Discovery" Computer Vision And Image Understanding, Vol. 113, No. 3, 2009.

[6]　Arslan B, Yun Z, Mubarak S, "Content Based Video Matching Using Spatiotemporal Volumes" Computer Vision And Image Understanding, Vol. 110, No. 3, 2008.

[7]　Fan J, Junsong Y, Tsaftaris S A, Et Al, "Anomalous Video Event Detection Using Spatiotemporal Context" Computer Vision And Image Understanding, Vol. 115, No. 3 2011.

[8]　Niebles J C, Wang H C, Fei-Fei L, "Unsupervised Learning of Human Action Categories Using Spatial-Temporal Words" International Journal of Computer Vision, Vol. 79, No. 3, 2008.

[9]　Menon V, Ford J M, Lim K O, Et Al, "Combined Event-Related Fmri And Eeg Evidence For Temporal-Parietal Cortex Activation During Target Detection" Neuroreport, Vol. 8, No. 14, 1997.

[10]　Wang F, Jiang Y-G, Ngo C-W., "Video Event Detection Using Motion Relativity And Visual Relatedness" In Proceedings of the 16th Acm International Conference on Multimedia, Vancouver, British Columbia, Canada, August 2008.

[11]　Xu J, Denman S, Reddy V, Et Al, "Real-Time Video Event Detection In Crowded Scenes Using Mpeg Derived Features: A Multiple Instance Learning Approach" Pattern Recognition Letters, Vol. 44, No. 1, 2014.

"提出了三维时空体积特征,利用学习级联滤波器建立一个实时的事件检测器来检测每个感兴趣的动作"①。这可以准确地检测真实世界中的一系列动作,对视点、规模和行动速度的变化都具有较强的鲁棒性。文章"利用关键帧间的视觉的变化做视频序列中的运动估计进行运动目标检测"②,通过视频中提取的时间信息比较相邻的关键帧之间的差异。文章"提出一个新的金字塔匹配算法来衡量两个视频片段之间的距离,称为不结盟空间金字塔匹配"③,该方法是抓住了扩展空间不结盟金字塔和时间的特点提出了新的金字塔匹配方法——空间-时间域方法,即通过空间和时间位置来对视频片段进行匹配。

虽然"运动提取和分析方法的有效性已经在实验结果中得到了验证"④⑤⑥⑦⑧,但是,在大规模网络视频的事件挖掘中并没有相关

---

① Ke Y, Sukthankar R, Hebert M, Et Al, "Efficient Visual Event Detection Using Volumetric Features" In Proceedings of the Tenth IEEE International Conference on Computer Vision, Beijing, China, December 2005.

② Liu D, Shyu M-L, "Semantic Motion Concept Retrieval In Non-Static Background Utilizing Spatial-Temporal Visual Information" International Journal of Semantic Computing, Vol. 7, No. 1, 2013.

③ Duan L, Xu D, Tsang I W-H, Et Al, "Visual Event Recognition In Videos By Learning From Web Data" IEEE Transactions on Pattern Analysis And Machine Intelligence, Vol. 34, No. 9, 2012.

④ Cucchiara R, Grana C, Piccardi M, Et Al, "Detecting Moving Objects, Ghosts, And Shadows In Video Streams" IEEE Transactions on Pattern Analysis And Machine Intelligence, Vol. 25, No. 10, 2003.

⑤ Mahadevan V, Vasconcelos N, "Spatiotemporal Saliency In Dynamic Scenes" IEEE Transactions on Pattern Analysis And Machine Intelligence, Vol. 32, No. 1, 2010.

⑥ Kim W, Jung C, Kim C, "Spatiotemporal Saliency Detection And Its Applications In Static And Dynamic Scenes" IEEE Transactions on Circuits And Systems For Video Technology, Vol. 21, No. 4, 2011.

⑦ Liu D, Shyu M-L, "Effective Moving Object Detection And Retrieval Via Integrating Spatial-Temporal Multimedia Information" In Proceedings of the 2012 IEEE International Symposium on Multimedia, San Francisco, CA, USA, June 2012.

⑧ Liu D, Shyu M-L, "Semantic Retrieval For Videos In Non-Static Background Using Motion Saliency And Global Features" In Proceedings of the Seventh International Conference on Semantic Computing, Irvine, CA, USA, September 2013.

研究。因此，本书将研究利用视频中的运动特征解决视频编辑的问题，从而达到减少视频编辑对事件挖掘的影响的目的。

在国内，微软亚洲研究院、北京大学、清华大学、中科院自动化所、中科院计算所、北京航空航天大学、上海交通大学、浙江大学等研究机构在多媒体信息检索和话题检测与跟踪方面都有出色的研究基础。最近，北京大学彭宇新的项目《基于内容的跨媒体检索研究》、北京大学李素建的项目《基于网络异构文本数据融合的热点话题发现及其内容摘要研究》、中国科学院计算技术研究所王树徽的项目《基于多源信息融合和网络社群行为建模的跨媒体分析技术研究》、中科院自动化所刘静的项目《基于跨媒体信息挖掘的网络舆情分析研究》、中国科学院大学《融合跨媒体特性与用户意图的网络热点话题分析方法研究》、北京航空航天大学秦曾昌的项目《基于跨媒体语义关联模型的图像检索技术研究》、北京航空航天大学张小明的项目《基于跨媒体数据挖掘的社会图像事件分析与标注》、北京航空航天大学李舟军的项目《社交网络中热点话题检测与传播分析研究》、南京航空航天大学马静的项目《基于演化本体的网络舆情自适应话题跟踪方法研究》、中国人民解放军国防科学技术大学胡艳丽的项目《基于概率图的话题传播与演化分析方法研究》、西北师范大学马慧芳的项目《基于主题建模的微博语义理解与热点话题识别研究》、复旦大学黄萱菁的项目《融合文本内容与结构信息的话题分析方法研究》、北京交通大学熊菲的项目《社交网络用户行为分析及话题演化趋势预测方法研究》、浙江大学庄越挺的项目《面向互联网的跨媒体挖掘与搜索引擎》、武汉大学李飞的项目《面向微博平台的短文本话题检测与跟踪研究》、安徽大学孙登第的项目《基于跨媒体随机点积图模型的网络图像事件分析研究》，均获得了国家自然科学基金资助。

虽然，国内外学者已对话题检测与跟踪领域做了大量研究，已经有相当的研究进展和积累。但是，随着互联网的不断发展和大数据时代的到来，人们对网络视频搜索引擎不断提出了新的、更高的要求，并给网络视频搜索引擎带来了新的课题和挑战。网络视频搜索是信息检索领域新的热点研究方向，在理论上还不成熟，仍在探索阶段。因此，这方面的深入研究具有很强的理论意义和实用价值。

第四节 研究目标及拟解决的关键问题

一 课题研究目标

网络搜索引擎通常会返回大量相关网络视频，对上述数据进行深入分析与研究之后，就可以对热点话题进行相关检测。其中，通过检测其爆发的时间区间，可以利用网络视频间的相关性，对主要事件进行相关挖掘。此外，为了实现上述目的，本书对所有的视觉关键帧和视频片段进行了相似性检测，并实现了对大规模近似图像和视频片段的检测。通过分析文本和视觉信息的特点，利用文本与视觉特征的互补特性，提出新的融合方案并对主要事件进行更好的挖掘，从而使搜索结果一目了然。本书的研究，对多媒体搜索引擎实用性的提高有较大帮助，能够方便普通用户最短时间里迅速找到其真正所需要内容，从而满足普通用户对多媒体检索的检索要求。不仅可以为普通用户提供更方便的检索服务，而且使得用户不用再耗费大量时间与精力去想办法进行更准确的检索。与此同时，这种新的检索方式不仅可以使普通用户可以从整体上对整个事件的发生和发展情况进行更好的把握，而且可以使普通用户对热点事件的最新进展情况了然于胸，从而对事件间关系的建立提供重要参考。另外，热点事件的检索能够更好地帮助国家相关监管部门全面收集事件的相关信息,从而使他们更好地处理相关突发事件。例如:当突然遇到比较棘手的突发事件时,他们可以尽快做出回应,并提出相应的对策来尽量减少国家和人民的财产损失,做到防患于未然。

二 拟解决的关键问题

(一) 研究文本突发性特征

在文本领域,虽然文本突发性特征轨迹的研究已相对完善,但是由于网络视频中标题和标签均使用较简短的文字描述视频的内容,所以可利用的文字信息便非常稀少且存在较大噪声。与传统有文稿的新闻报道相比,描述视频的文字信息的突发特征轨迹可能会表现出不同的特性。到目前为止,对网络视频中文本的特征轨迹方面还鲜有研究。这使得网络视频的文本突发特征轨迹特性的分析成为重要的研究内容。因此本书将系统地研究网络视频中文本突发特征轨迹的优点和缺点,并根据突发性特征轨迹的不同性质挖掘话题中的事件,研究标题、标签等文本关键字特征的突发性表示方法、特性、差异等,同时利用文本信息的语义关系,寻找各种形式视觉信息间的关联规则。

(二) 研究视觉突发性特征

在视频领域,重要的镜头经常被插入相关视频中用来提醒或支持其观点,如同文本领域中的热点关键字起到的重要作用。此外,视觉的特征轨迹不仅局限于视频的内容,而且适用于不同的内容。视觉突发特征轨迹不仅包含了丰富的信息,而且相对于文本信息视觉信息来说其更不容易被修改,因此视觉特征较文本描述更加精确,故其具有更明显的优势。然而,因为视觉近似关键帧检测是一个具有挑战性的任务,所以视觉近似关键帧的错误检测仍是一个不可避免的问题。另外,很多镜头常常被编辑如插入部分文字或只提取部分信息放在镜头的一角等操作，都会导致视觉相似关键帧的错误检测问题出现。因而内容相似的镜头经常会被分成几份，这将大大影响其真正的轨迹，从而对轨迹间的相似性判断产生重要影响。

本书将着力研究视觉近似图像突发性特征，以及视觉突发性特征在时间轴上的轨迹。研究如何利用运动目标检测技术检测视频运动目标部分视频片段的相似性。本书还将研究视觉近似图像或视频片段突发性特征的性质和特殊性，以及合适的关联检测方法。

（三）研究多模态文本与视觉突发特征融合问题

本书将研究视觉近似图像或视频片段突发性特征的性质和特殊性以及合适的关联度检测方法，并研究这些方法对于文本突发性特征和视觉突发性特征的适用性，找到分别适合两者的策略，同时探讨文本突发性特征与视频突发性特征的一致性问题。最后将研究文本突发性特征和视觉突发性特征的融合问题，比如：如何将二者有机地结合起来以改进事件挖掘，这也是有意义的研究课题，是值得深入探索的。

第五节　本书的主要研究内容及组织结构

本书在长期对热点话题检测与跟踪以及网络视频搜索的研究基础之上，不仅对网络视频中出现的标题和标签等文本信息进行了分析，而且对网络视频中的视频内容也进行了数据分析。其中，将网络视频上传的时间信息和视频的上下文情境信息作为补充信息，从而更好地研究热点词汇与视觉近似图像的突发性特征间的互补特性，并探索它们之间的融合方案。不仅可以利用突发性特征检测核心事件，而且还可以采用文本和视觉多模态融合的方式获取较好的检测性能。经过大量的理论探索与数据分析后，通过大量的实验逐步探索解决在本书中遇到的问题，并最终实现本书的研究目标。本书尝试了多种解决方案，充分利用网络视频所体现出来的新的特点，并结合文本与视频的信息，对相关网络视频间的内容的相关性进行了深入的分析。为了更好地验证理论的正确性，本书利用现实生活中的真实数据进行实验。例如：本书从美国著名网站优兔上下载大量真实的网络视频对其进行数据分析，并以标准的国际性能评价准则作为其评价标准。将本书所提出的方法与目前比较流行的方法以及广泛应用于文本领域的方法进行完备的实验比较，从而对所提出方法的有效性与先进性进行更好的客观评价。

话题检测与跟踪是信息检索中的一个重要问题，前人对于基于文本的话题检测与跟踪有着深入的研究，然而对于多媒体，视频的话题检测与跟踪则相对较少，特别是对于网络视频而言则少之又少。本书将研究上下文情境特征对于核心事件检测的作用与影响，例如：上载时间，上载视频数目，视频标题、标签等文本信息，近似图像或视频片段，以及各种特征的分布特性等。通过突发性特征、核心事件检测、事件发生时间区域检测，研究聚类算法并提高其性能。

在传统文本领域，前人针对文本特征做了大量的分析与研究，然而，在社交网络这样的噪声环境下对于文本特征的分析与研究则较少。鉴于此，本书将研究文本关键字的突发性特征，并分析其与传统文档中突发特征的差异，研究文本突发性特征在时间轴上的轨迹问题，以及对事件挖掘性能的影响。本书也将研究文本关键字特征相关性，研究不同策略，例如：特征轨迹（feature trajectory）相似度、频繁模式挖掘（frequent pattern mining）、特征共存性（co-occurrence）的优越性和互补性，以及对事件挖掘性能的影响。

在视频领域，前人对视觉关键帧的相似性检测已做了大量研究，但是，在社交网络这样的视频质量参差不齐的环境下，对于视觉近似图像的突发性特征研究则较少。因此，本书将研究文本特征应用到视觉近似图像或视频片段领域而体现出的新的特性，分析其与传统文档中的突发特征的差异，也将研究视觉突发性特征在时间轴上的轨迹问题，相应地研究视觉近似图像之间的相关性。此外，虽然前人对于关键帧的相似性检测已做了大量的研究，但是，由于静止的图片丢失了帧与帧间的信息，当用户编辑的视频中充满大量的文字或台标时，传统的图片的相似性检测方法便变得不再实用，因此，可通过探索提取视频中的运动目标，并检测运动目标间的视觉相似度进行视频片段的相似性检测。在此基础上，研究各种突发性特征的新特性。

本书虽然对于文本和视频信息融合方法的探索并没有太大进展，但是，对于文本突发性特征与视觉突发性特征的相似性、差异性和互补性则鲜有研究。本书将研究文本突发性特征与视觉突发性特征的共性与差异，同时研究文本突发性特征与视觉突发性特征的互补性，研究两者的融合对事件挖掘的提升与改进。本书将多重对应分析应用到社交网络领域，同时研究文本信息在视觉近似关键帧或视频片段中的分布特性，进而提高事件挖掘性能。

本书的具体组织结构如下：

第二章研究了基于共同发生与多重对应分析的网络视频事件挖掘。本章主要提出了一种新的方法来提高事件挖掘的性能，该方法主要分为4个步骤：首先，预处理去除文本的噪声和特殊字符。其次，将多重对应分析应用到多媒体检索领域，利用文本的统计特征探索文本与事件间的关系，并根据文本与视觉近似关键帧间的对应关系计算视觉近似关键帧与事件间的相似度，从而通过多重对应分析建立起视觉近似关键帧与事件间的桥梁。再次，利用视觉近似关键帧间的共同发生关系，找到视觉近似关键帧与事件间的相似度。最后，通过两者的融合进行事件挖掘，并过滤掉对事件挖掘起负面效果的视觉近似关键帧，保留对事件挖掘起正面效果的视觉近似关键帧。

第三章研究了基于内容视觉特征轨迹与文本分布特征的网络视频事件挖掘。本章提出了一种与上一章节不同的新的四步骤方法以更好地进行网络视频的事件挖掘。首先，经预处理后得到视觉近似关键帧和单词。其次，将视觉近似关键帧的共同发生特征和特征轨迹相融合得到每一个视觉近似关键帧与所有事件间的相似度。再次，对文本信息进行特征选择后过滤掉其中一些分类能力比较低的单词，并利用多重对应分析通过统计文本信息的分布特征来计算视觉近似关键帧与事件间的相似度，同时利用视觉近似关键帧间的内容相关性来加强它们间单词的关联度，以提高文本信息的鲁棒性。最后，将分别通过文本与视觉信息得到的视觉近似关键帧与事件间的相似度经概率模型融合在一起，得到每个视觉近似关键帧与所有事件间的相似度，并把视觉近似关键帧归入到与其相似度最大的事件中。为验证此方法，我们在优兔上下载了大量网络视频，做了大量实验后取得了预期效果，其效果与基准的方法相比有了较大程度的提高。在本章的最后部分，我们给出了实验结果和分析。

第四章研究了基于动态关联规则与视觉近似片段的事件挖掘。本章提出了一种网络视频事件挖掘的新方法，旨在解决一些不可避免的问题，例如：视频编辑和嘈杂的文本信息等问题。此方法集成了文本和视觉信息以弥补双方的缺陷，从而显著提高了网络视频事件挖掘的整体性能。并提出利用新的概念视觉近似片段（NDS）来描述视频片段间的视觉相关性，以达到构建不同视频间潜在联系的目的。本书利用时空局部特征来代表视频片段，此特征可以有效捕捉网络视频的主要内容，并减少视频编辑的干扰和影响。在本章的最后部分我们给出实验结果和分析。

最后一章是对本书主要贡献的总结和今后研究工作的展望。

第二章

基于视觉内容相关性与多重对应分析的网络视频事件挖掘研究

为了充分利用网络视频中丰富的视觉信息,以及对噪声较多且信息量较少的文本信息进行事件挖掘。首先,探索了视觉近似关键帧间"共同发生"所体现出来的新特性。其次,将统计领域中的统计模型"多重对应分析",引入多媒体事件挖掘领域中,从而建立起视觉近似关键帧与文本信息间的桥梁。通过统计分析文本信息在视觉近似关键帧中的分布特征,计算文本信息的特征值对于事件间的相关性,得到视觉近似关键帧与事件间的相关度。最后,通过文本信息与视觉信息相结合,得到每一个视觉近似关键帧与所有事件的相似度,并将视觉近似关键帧归入与之相似度最大的事件中,同时将视觉近似关键帧所对应的视频也归入对应事件中。

为了便于理解和表述,几个基本的概念定义如下:

话题(Topic):指一个开创性的事件或活动,以及所有直接相关的事件和活动[1],话题由事件组成。"热门话题"(Hot Topic)定

---

[1] Chen K-Y, L L, S. C. T C, "Hot Topic Extraction Based on Timeline Analysis And Multidimensional Sentence Modeling" IEEE Transactions on Knowledge And Data Engineering, Vol. 19, No. 8, 2007.

▶ 跨媒体网络事件检测与跟踪研究

义为在一段时间内经常出现的话题[①]。

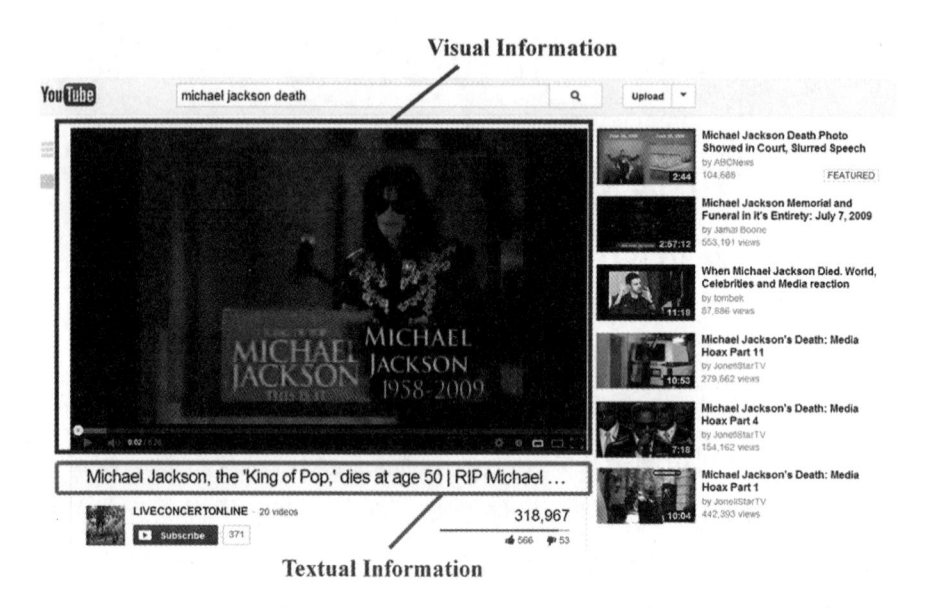

图 2—1 网络视频通常由文本和视觉信息组成

通常"热点话题"具有以下特点：

（1）在一个或多个新闻频道中出现多个新闻报道该话题。

（2）具有较强的连续性，这意味着与此话题相关的许多不同的相关事件也会被报道。

（3）随着时间的变化该话题的流行程度会发生变化。

事件（Event）：在话题检索与跟踪（Topic Detection and Tracking）领域，事件指在特定的时间和地点发生的一些事情，以及所

---

① Chen K-Y，L L，S. C. T C，"Hot Topic Extraction Based on Timeline Analysis And Multidimensional Sentence Modeling" IEEE Transactions on Knowledge And Data Engineering，Vol. 19，No. 8，2007.

有必要的前提条件和不可避免的后果[①]。这种事件可能是一个捐款、一个游戏或一个演唱会的表演。

视觉近似关键帧（Near-Duplicate Keyframes）：视觉近似关键帧是一组相似或接近重复的关键帧，但是会有一些变化，比如：关键帧采集的时间、镜头的设置、光照的条件以及视频的编辑操作等会有所不同[②]。视觉近似关键帧已经在许多实际应用中得到了广泛应用[③][④]。

关键帧（Key Frame）：视频的每一个镜头提取中间一帧作为代表这一镜头的关键帧。

第一节 视觉近似关键帧

网络视频，通常由文本信息和视觉信息组成，如图2—1所示。本书将正在播放的视频作为视觉信息，将视频下方用来描述视频内容的文字（标题/标签）作为文本信息。

对于网络视频，视觉信息和文本信息都包含有丰富的信息，可以作为事件挖掘的有效信息。

[①] Chen K-Y, L L, S. C. T C, "Hot Topic Extraction Based on Timeline Analysis And Multidimensional Sentence Modeling" IEEE Transactions on Knowledge And Data Engineering, Vol. 19, No. 8, 2007.

[②] Ngo C-W, Zhao W-L, Jiang Y-G, "Fast Tracking of Near-Duplicate Keyframes In Broadcast Domain With Transitivity Propagation" In Proceedings of the 14th Annual Acm International Conference on Multimedia, Santa Barbara, Ca, USA, October 2006.

[③] Wu X, Ngo C-W, A. G. H, "Multimodal News Story Clustering With Pairwise Visual Near-Duplicate Constraint" IEEE Transactions on Multimedia, Vol. 10, No. 2, 2008.

[④] Wu X, Ngo C-W, Li Q, "Threading And Autodocumenting News Videos: A Promising Solution to Rapidly Browse News Topics" IEEE Signal Processing Magazine, Vol. 23, No. 2, 2006.

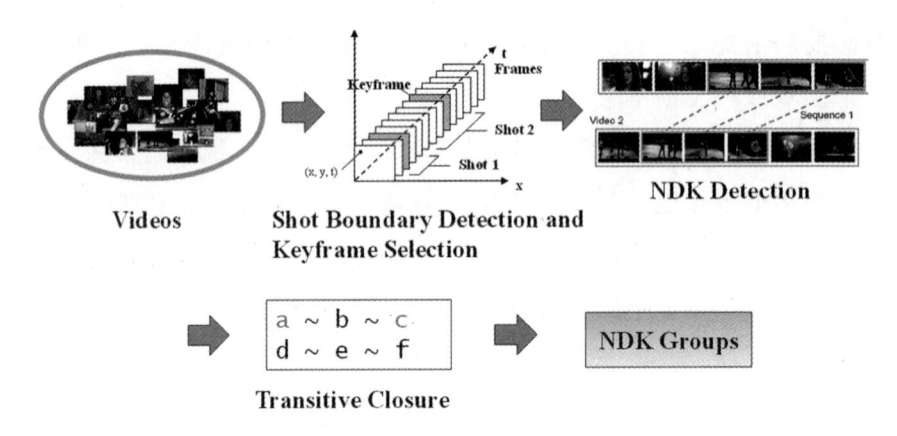

图 2—2 视觉近似关键帧（NDK）的产生过程

在网络视频中，有些重要的镜头经常会被插入一些视频或者报道中，用来支持他们的观点，因此，这些重要的镜头通常包含重要的信息。如果能把这些内容重复的镜头进行聚类，每一个类可以称为一个视觉近似关键帧，那么每一个视觉近似关键帧就类似于文本信息中的热点词汇。其中，视觉近似关键帧指视觉内容相似的关键帧集合。视觉近似关键帧的具体提取过程如图 2—2 所示。对于用户通过搜索引擎返回的大量网络视频，首先，对每个视频进行镜头边缘检测和关键帧的提取，每个视频均可用一系列关键帧来代替。其次，采取有效的方法进行视频间的关键帧的相似性检测。为了保证视觉近似关键帧检测的性能，本书采用基于局部关键点的检测方法，其中"局部点检测采用的是 Harris-Laplace 并用 SIFT 特征来描述"[1]。对关键点进行聚类形成视觉字典（大约 20,000 个类）。对每个关键帧进行编码形成一个词包。本书采用文献 [113] 中的工具进行视觉近似关键帧检测。本书从视频内部的每一个镜头提取中间一帧作为代表这一镜头的关键帧，并且只对视频间的关键帧做相似性

---

[1] Lowe D G, "Distinctive Image Features From Scale-Invariant Keypoints" International Journal of Computer Vision, Vol. 60, No. 2, 2004.

第二章 基于视觉内容相关性与多重对应分析的网络视频事件挖掘研究

检测。然后，将检测到的视频近似关键帧通过传递闭包进一步聚类，其中，每一个类均代表相同的视觉场景。最后，所有关键帧都被聚到不同的类中。为了更好地理解视频、关键帧与视觉近似关键帧间的关系，本书用图 2—3 的方式，以话题"北京奥运会"中的几个视觉近似关键帧作为例子来更好地解释视频、关键帧以及视觉近似关键帧间的关系，其中不同颜色的边框代表不同的视觉近似关键帧。

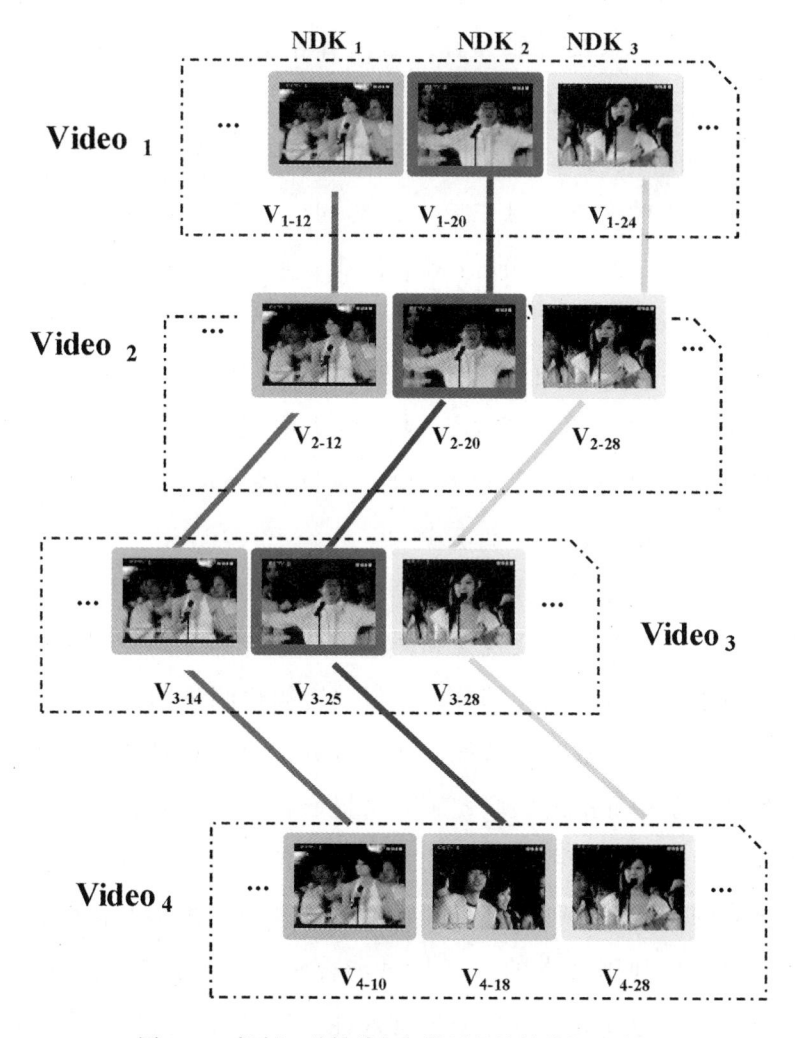

图 2—3 视频、关键帧与视觉近似关键帧间的关系

第二节　共同发生与多重对应分析的融合

在视觉信息中，视觉近似关键帧可以把内容相似的视频聚在一起形成事件。然而，由于网络视频通常由普通用户上传，因此视频长度通常比较短、质量比较差、亮度也各不相同，有些视频甚至被编辑过。这都可能导致一些内容相关的关键帧被分到不同的类中。因此本书研究中使用文本领域比较经典的方法——共同发生法将内容相关的视觉近似关键帧进一步聚类。在文本信息中，网络视频的文本信息主要由标题和标签组成，相对于传统文档中的文本信息，含有的信息量更少、噪声更多而且信息不完整。甚至有些用户为了吸引眼球增加点击率，故意在描述视频内容时加入一些与视频内容无关的热点词汇。因此，只利用网络视频的文本信息进行事件挖掘，效果会比传统的文档效果差很多，而通过研究文本与视觉信息的融合，利用各自的优点弥补各自的缺陷，可以更好地进行事件挖掘。

图2—4所示是传统网络视频事件的挖掘方法，包括三个部分：视频部分、文本部分以及视频和文本信息融合部分，分别对这三个部分进行事件挖掘。视频部分，相似关键帧检测采用标准相似关键帧检测方法，并提取视觉特征。文本部分，通常针对独立的单词来提取特征或采用标准的关联规则方法提取特征。视频和文本信息融合部分，通过文本和视频信息的融合弥补各自的缺陷以实现更好地事件分类的目的。这种网络视频事件挖掘方法，在文本和视觉特征融合过程中，利用文本的语义信息和视觉的视频内容信息间的关系，可以有效地提高事件挖掘的有效性。但是另一方面，由于语义信息的使用，使得文本信息中的噪声信息很容易扩散到视觉信息中

第二章 基于视觉内容相关性与多重对应分析的网络视频事件挖掘研究

起到误导的作用,从而降低事件挖掘的效果。

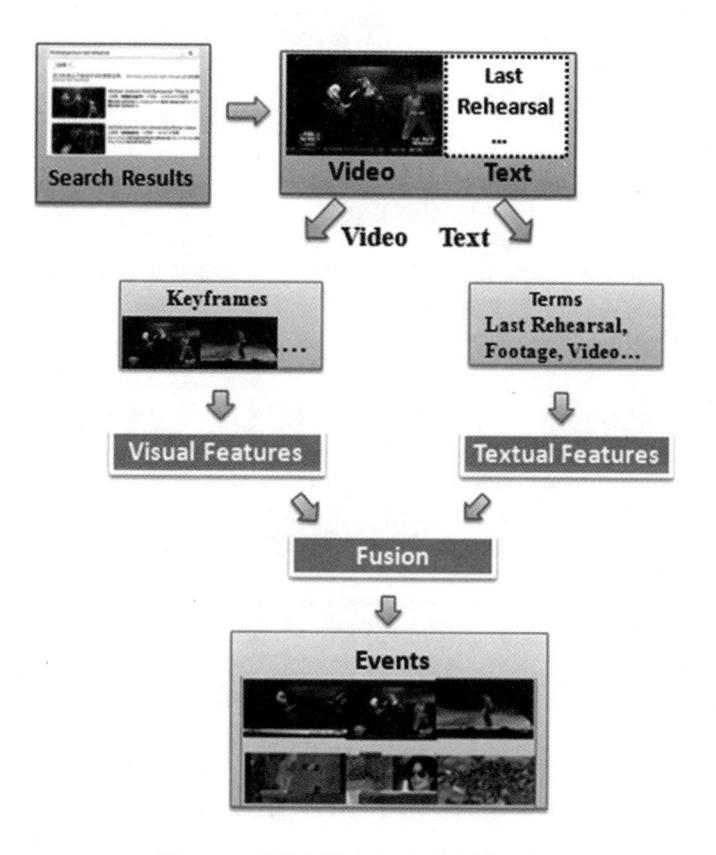

图 2—4　传统网络视频事件挖掘方法

新提出的网络视频事件挖掘方法如图 2—5 所示。从图中可以看出,该方法主要包括四个阶段(虚线矩形框内):数据预处理、视觉近似关键帧间相关性检测、利用文本信息挖掘视觉近似关键帧与事件间的关系和文本与视觉信息的融合。

第 1 阶段:提取文本信息和视觉近似关键帧并进行数据预处理。由于视觉近似关键帧具有将内容相关的视频进行类聚的特性,所以将视觉近似关键帧作为重要的视觉信息,用来描述视频的标题和标签中提取的文字然后作为文本信息。由于用户上传的文本信息

· 51 ·

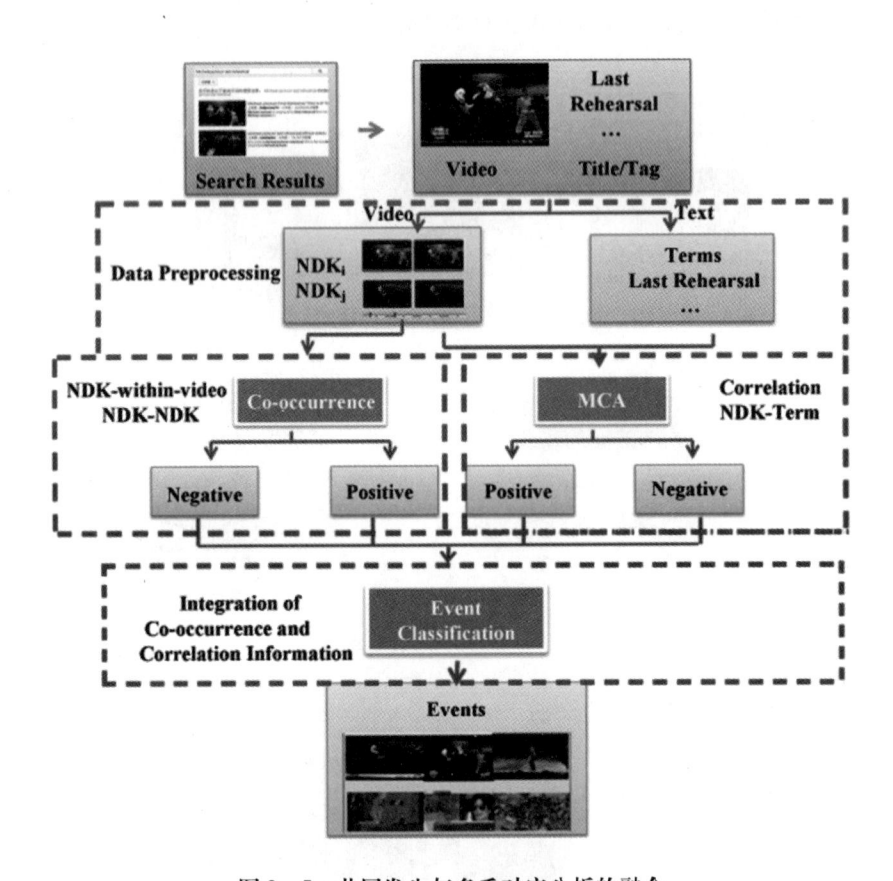

图 2—5　共同发生与多重对应分析的融合

比较嘈杂，需要先删除一些没有意义的特殊字符，并对文本信息做一些必要的过滤工作。最后建立单词、视觉近似关键帧和事件之间的对应关系。

第 2 阶段：视觉近似关键帧间相关性检测，利用视觉近似关键帧间的内容相关性，挖掘视觉近似关键帧与事件间的关系。

第 3 阶段：首先，通过单词、视觉近似关键帧与事件间的对应关系，统计每个单词在所有视觉近似关键帧中的分布情况。其次，对每个单词进行离散化处理得到特征值对。然后，用多重对应分析统计每个特征值与所有事件间的相关性。最后，利用单词在视觉近似关键帧的分布情况得到每个视觉近似关键帧与所有事件间的相关度。

第4阶段：通过文本与视觉信息的融合进行事件挖掘，将每一个视觉近似关键帧归入与其相似度最大的事件中，并将视觉近似关键帧所代表的视频归入到与之相对应的事件中。得到视觉近似关键帧后，用公式（2—1）判断每一个视觉近似关键帧属于哪一个事件。

$$P(NDK_i, E_j) = \frac{|NDK_i \cap E_j|}{|NDK_i|} \qquad (2—1)$$

其中，$|NDK_i \cap E_j|$ 表示视觉近似关键帧 NDK_i 与事件 E_j 共同包含的视频数，$|NDK_i|$ 表示视觉近似关键帧 NDK_i 所包含的视频数。例如：如果视觉近似关键帧 NDK_i 包含关键帧 K_s，其中关键帧 K_s 是视频 V_t 的第 s 个关键帧，那么视频 V_t 就被视觉近似关键帧 NDK_i 所包括。最终每个视觉近似关键帧与哪一个事件相似度最大，它就被标记为属于哪一个事件。

表2—1　　　　单词与视觉近似关键帧间的二维对应关系表

	$Term_j$	$Term_k$	…	Event
NDK_i	$TG_{i,j}$	$TG_{i,k}$	…	0
NDK_j	$TG_{j,j}$	$TG_{j,k}$	…	1
…	…	…	…	…

一　多重对应分析

多重对应分析是对标准对应分析的扩展，可以计算表格中两个以上变量的相关性，已在统计领域得到充分证明。因此，本书的探索将多重对应分析应用到多媒体检索领域，计算单词与事件间的相关性。单词与视觉近似关键帧间的二维对应关系表 TG 如表2—1所示，其中单词与视觉近似关键帧间的对应关系计算公式如下：

$$TG_{i,j} = \begin{cases} 1 & \text{如果第 } i \text{ 个单词包含在第 } i \text{ 个视觉近似关键帧中} \\ 0 & \text{其他} \end{cases}$$

(2—2)

然后，根据维卡中的方法将每个特征进行离散化，并将每个特征分成几个特征值对，可以直接使用多重对应分析计算出每个单词的所有特征值对与每个事件的相关度，其中，离散化后的训练集如表2—2所示。假设，第 s 个特征有 j_s 个特征值对，有 n 个事件和 m 个视觉近似关键帧。然后，指针矩阵可以表示为 Z，大小为 $m \times (j_s + n)$。此矩阵可以用来计算特征值对与事件间的相关度。多重对应分析可以计算指针矩阵的奇异值，即 ZTZ 称为 Burt table，其大小为 $(j_s + n) \times (j_s + n)$。然后用 SVD（singular value decomposition）变换来计算协矩阵，对 Burt 矩阵进行中心定位和归一化。关于多重对应分析的更多技术细节以及产生相关性的方法详见文献[114]。特征值对和事件间的关系可以映射到二维空间。

表2—2　　　　　　　　　　离散化后的训练集

Feature 1	Feature 2	Feature 3	...	Feature m
F_1^1	F_2^1	F_3^1	...	F_m^1
F_1^2	F_2^2	F_3^2	...	F_m^2
...	...	...		...

多重对应分析可以形象化为对称图，其中特征值对和事件可以作为可视化为图中的点，事件的个数越多，维度越高。这样特征值对与事件间的相关度就可以量化为特征值对与事件间的角度的余弦值。例如，图2—6是一个二维空间模型，单词的特征 F_i 被分成了4个特征值对：F_i^1，F_i^2，F_i^3 和 F_i^4，以及两个事件 E_1（正分类）和 E_2（负分类）。angle_{i1}^1 则指特征值对 F_i^1 与事件 E_1 间的角度。如果两者之间的角度越小，即余弦值越大，那么它们的相关度就越高。所以多

重对应分析可用来计算特征值对 F_i^j 与事件 E_n 间的相似度。具体计算公式如下：

$$W_{i,j}^n = \cos(\text{angle}_{ij}^n) \qquad (2—3)$$

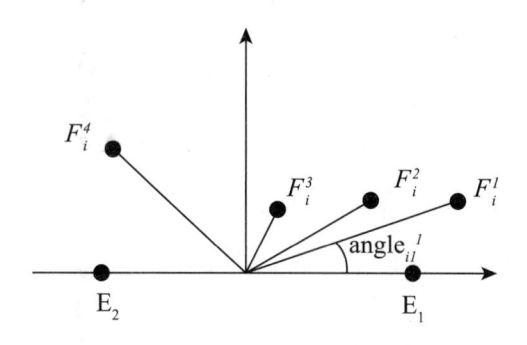

图 2—6 多重对应分析模型的可视化表示

其中，angle_{ij}^n 指特征值对 F_i^j 与事件 E_n 间的角度。如果角度小于 90 度，那么 F_i^j 与 E_n 有较强的相关度。它们之间的角度的余弦值还可作为该特征值对属于事件 E_n 的概率。而且，视觉近似关键帧 k 与事件 E_n 间的相似度可以通过计算视觉近似关键帧中出现的所有的特征值对的平均值得到，其计算公式如下：

$$TW_{k,n} = \frac{1}{m}\sum_{i=1}^{m} W_{i,j}^n \qquad (2—4)$$

其中，$W_{i,j}^n$ 为特征值对 F_i^j 与事件 E_n 间的相似度，m 为视觉近似关键帧 k 中出现的特征值对的个数。

在得到每一个视觉近似关键帧与所有事件间的相似度后，按相似度大小降序排列，其中相邻两个相似度的差的最大值处为分界线，高于这个相似度的视为有效信息。

二 共同发生

由于网络视频中的文本信息相对于传统的文档信息量更少、噪声更多，结果可能并不理想，因此，本书尝试用视觉近似关键帧间的相关度来弥补文本信息的不足之处。虽然，重要的视觉镜头常常被插入相关视频中，用以提醒或支持观点，如同文本中的热点词汇一样，它们含有大量的视觉内容信息，但是，由于视频经常被编辑，以及错误的视觉近似关键帧检测等问题，使得即使内容相关的关键帧也可能会被分到不同的类中。与此同时，庞大的视觉近似关键帧间仍然存在大量的相互关系，且这些关系在视觉近似关键帧的相似性检测时并没有用到，如果视觉近似关键帧间相同视频数越多，那么它们的相关性就越高，即共同发生越高，其计算公式如下：

$$d(NDK_i, NDK_j) = \frac{|NDK_i \cap NDK_j|}{\min(|NDK_i|, |NDK_j|)} \quad (2-5)$$

其中，NDK_i 和 NDK_j 为两个视觉近似关键帧，$|NDK_i \cap NDK_j|$ 为同时包含这两个视觉近似关键帧的视频数，$\min(|NDK_i|, |NDK_j|)$ 为这两个视觉近似关键帧中包含的最少的视频数。$d(NDK_i, NDK_j)$ 值越高则表明 NDK_i 和 NDK_j 这两个视觉近似关键帧的相似度就越高。每个视觉近似关键帧与所有事件间的相似度计算公式如下：

$$Sim(NDK_k, E_j) = \frac{1}{s}\sum_{p=1}^{m} d(NDK_k, NDK_p) \quad (2-6)$$

其中，m 是满足 $d(NDK_i, NDK_j) > 0$ 的视觉近似关键帧的数目。S 是事件 E_j 中包含的视觉近似关键帧数。得到每个视觉近似关键帧与所有事件的相似度后，按相似度降序排列，其中相邻两个相似度的差的最大值处为分界线，高于这个相似度的视为有效信息，可表示为如下公式：

$$W_{V_{NDK_k}} = \begin{cases} 1, & if\ Sim_V(NDK_k, E_j) > threshold \\ 0, & otherwise \end{cases} \quad (2-7)$$

三 文本与视觉信息的融合

通过文本信息和视觉信息分别得到视觉近似关键帧与各个事件的两种相关度后,再分析 neqative 值如果某个视觉近似关键帧在两个信息中得到的结果都是 negative 的,则过滤掉此类视觉近似关键帧,否则将两者结合在一起进行事件挖掘。结合的方法如下:

$$Sim(NDK_k, E_n) = \gamma \times W_{T_{NDK_k}} \times TW_{k,n} + (1-\gamma) \times W_{V_{NDK_k}} \times Sim_V(NDK_k, E_n)$$

(2—8)

其中 γ 的作用是衡量文本与视觉信息分别占的比重,为了公平起见,$\gamma = 0.5$。$W_{T_{NDK_k}}$ 和 $W_{V_{NDK_k}}$ 分别用来判断此视觉近似关键帧在文本与视觉信息中得到的结果是否有效。$TW_{k,n}$ 和 $Sim_V(NDK_k, E_n)$ 分别为利用文本和视觉信息得到的该视觉近似关键帧与事件的相似度。最后要使每个视觉近似关键帧都被归入与其相似度最大的事件中。

第三节 实验与分析

一 实验数据

实验采用文献 [62] 使用的数据集进行实验评估,其中,共包括19972个网络视频。这些话题是 2006 年到 2009 年在美国有线电视新闻网、时代周刊和新华网上排名前 10 的热点话题。所有的网络视频均来自美国比较流行的多媒体分享网站优兔。其中,同一话题利用了多种表达方式进行搜索,并去掉了重复的视频,为了公平起见,视频数小于 5 的事件视为噪声。本书随机选择了 15 个话题进行实验,这些话题中已包含了各种类型的话题。例如:话题"弗吉尼亚理工大学校园枪击案"仅仅从 2007 年 4 月到 5 月，持续了一个月，而话题"伊朗核计划"则从 2006 年到 2009 年持续了几年的时间，话题"加利福尼亚野火"则在几年中都周期性地发生。实验中用到的视频为 10815 个，包含的视觉近似关键帧数为 37055 个，单词数为 41461 个。数据集的详细信息如表 2—3 所示。每个话题均由多个事件组成，例如："伊朗核计划"由 5 个事件组成，分别是："浓缩铀成功""国际社会的反应""检验""报告由国际原子能机构""美国对伊朗的态度"。对于实际情况，本书首先通过维基百科和谷歌了解整个话题。然后人工对每个话题中的所有视频进行标注。

本书用标准的查准率（$Precision$）、查全率（$Recall$）和 $F1$ 评价事件挖掘的性能，其公式定义如下：

$$查全率 = \frac{G_i^+}{G^i} \qquad (2—9)$$

$$F1 = \frac{2 \times 查准率 \times 查全率}{查准率 + 查全率} \qquad (2—10)$$

$$查准率 = \frac{G_i^+}{C^i} \qquad (2—11)$$

其中，G_i^+ 指类 C^i 中有效视频中正确聚类的视频数，G^i 指实际情况中有效视频数目。

由于查准率和查全率之间存在的矛盾，即当查准率很高时查全率的值会降低，而当查全率值很高时，查准率值又会降低。本书采用 $F1$ 值来作为评判结果好坏的最终标准，因为 $F1$ 同时考虑了查准率和查全率两者的平衡关系。

表 2—3　　　　　　　　　实验数据信息

话题编号	话题	视频数（个）	NDK 数（个）	单词数（个）	事件数（个）
1	美国总统选举	737	1,826	3,327	13
2	孟买恐怖袭击	423	1,741	1,569	5
3	俄罗斯格鲁吉亚战争	749	2,823	2,316	7
4	索马里海盗	410	1,405	2,178	5
5	弗吉尼亚理工大学校园枪击案	683	1,865	1,621	2
6	以色列人袭击加沙	802	3,087	3,546	4
7	北京奥运火炬接力	652	2,448	1,949	12
8	加州的大火灾	426	1,631	3,025	6
9	油价	759	2,486	3,814	5
10	缅甸气旋	613	2,698	1,624	4
11	科索沃独立	524	969	1,593	5
12	俄罗斯总统选举	1,335	3,930	4,684	6
13	伊朗核计划	1,056	4,561	3,969	5
14	以色列和巴勒斯坦的和平	586	3,184	2,275	9
15	韩国核	1,060	2,401	3,971	13
总数		10,716	35,555	41,814	101

二　实验分析

为了更好地评估实验结果，本书分别将文献［62］、［65］和［115］（FT_T, CC_V, $FT_T + CC_V$）的方法和多重对应分析（MCA）作为基准方法进行实验对比。

从表 2—4 中可以清晰地发现，本书新提出的方法相比于基准方法均有了较大的提高，提高了 12% ~ 34%。与其他方法相比效果较理想，尤其是查全率和 $F1$ 的结果几乎比其他方法都要好。这充分地证明新提出的方法将更多的相关视频包含了进来。

针对文献［65］的方法，首先，提取网络视频的文本特征轨迹。其次，根据文本特征轨迹的相似度进行事件挖掘。最后，把相关视频归入对应的事件中。由于与传统文档领域相比，网络视频的文本信息更少、噪声更多，这使得此方法的查准率和查全率都比较低。实验结果表明在网络视频领域，只用文本信息效果并不理想。

本书用文献［115］的方法进行视觉近似关键帧的聚类，其中高频和低频的视觉近似关键帧均视为有效信息。如表2—4中所示，查准率值很高，平均值达到92%。这说明视觉信息相对于文本信息噪声更少，更不易受主观因素影响，但是查全率却很低，说明此方法丢了大量其他信息。一方面，因为很多事件有多种多样的内容表达形式，此方法只能将某一内容聚类；另一方面，由于当视频被修改或编辑过后，会造成视觉近似关键帧间的错误检测，从而丢失部分信息，使得即使对同一内容的视频聚类效果也并不理想。

表2—4　实验结果对比（表中 P 与 R 分别表示查准率和查全率）

话题编号	FT_T[65]			CC_V[115]			FT_T+CC_V[62]			MCA			$MCA+CC_V$		
	P	R	F1	P	R	F1	P	R	F1	P	R	F1	P	R	F1
1	0.26	0.39	0.32	**0.90**	0.15	0.20	0.57	0.35	0.44	0.11	**0.72**	0.18	0.44	0.57	**0.49**
2	0.31	0.14	0.20	**0.88**	0.12	0.15	0.49	0.19	0.28	0.12	0.24	0.14	0.58	**0.30**	**0.40**
3	0.58	0.11	0.19	**0.91**	0.04	0.06	0.72	0.15	0.25	0.37	0.17	0.24	0.64	**0.57**	**0.60**
4	0.49	0.21	0.30	**0.87**	0.05	0.07	0.48	0.25	0.33	0.28	0.25	0.27	0.44	**0.53**	**0.48**
5	0.76	0.05	0.10	**0.99**	0.02	0.03	0.73	0.33	0.46	0.36	0.40	0.38	0.71	**0.56**	**0.63**
6	0.45	0.12	0.20	**0.95**	0.02	0.03	0.54	0.16	0.25	0.21	0.24	0.23	0.64	**0.32**	**0.43**
7	**0.52**	**0.41**	**0.46**	0.94	0.09	0.12	0.52	0.20	0.29	0.10	0.14	0.12	0.48	0.32	0.39
8	0.46	0.12	0.19	**0.95**	0.05	0.07	0.68	0.18	0.29	0.23	0.24	0.24	0.50	**0.30**	**0.38**
9	0.22	0.10	0.14	**0.80**	0.08	0.10	0.58	0.13	0.22	0.20	0.20	0.07	0.62	**0.52**	**0.56**
10	0.39	0.05	0.09	**0.85**	0.05	0.05	0.68	0.34	0.46	0.22	0.27	0.25	0.68	**0.37**	**0.48**
11	0.66	0.07	0.13	**0.99**	0.02	0.03	0.78	0.09	0.17	0.37	0.15	0.22	0.91	**0.30**	**0.45**

第二章　基于视觉内容相关性与多重对应分析的网络视频事件挖掘研究 ◀

续表

话题编号	$FT_T^{[65]}$			$CC_V^{[115]}$			$FT_T+CC_V^{[62]}$			MCA			$MCA+CC_V$		
	P	R	F1	P	R	F1	P	R	F1	P	R	F1	P	R	F1
12	0.27	0.14	0.16	**0.92**	0.02	0.03	0.61	0.14	0.23	0.04	0.13	0.07	0.71	**0.57**	**0.63**
13	0.60	0.07	0.13	**0.98**	0.02	0.03	0.83	0.10	0.18	0.13	0.17	0.15	0.86	**0.32**	**0.47**
14	0.35	0.17	0.24	**0.92**	0.04	0.07	0.51	0.16	0.25	0.20	**0.83**	0.32	0.62	0.26	**0.36**
15	0.34	0.16	0.22	**0.89**	0.07	0.09	0.46	0.24	0.32	0.24	**0.52**	0.32	0.50	0.41	**0.45**
平均值	0.43	0.16	0.20	**0.92**	0.06	0.08	0.62	0.20	0.30	0.21	0.32	0.22	0.44	**0.46**	**0.42**

文章"通过视觉近似关键帧的特征轨迹和文本的共同发生特征的融合进行事件挖掘"[①]，其效果比文献［65］和文献［115］的方法均有所提高，但是结果仍然不够理想。一方面，它没有将低频的单词和视觉近似关键帧作为有效信息，从而在初始阶段就丢失很多信息；另一方面，视觉特征轨迹由于视频被编辑或修改甚至光照条件等，使得特征轨迹并不稳定，误差较大。虽然，尝试用单词的共同发生特征去弥补视觉特征轨迹的缺陷，但是，由于文本本身包含很多噪声故文本信息也不够稳定，所以两者的结合效果仍然有待进一步的提高。

由于视觉信息自身的缺陷，例如：视频被修改或编辑、视觉近似关键帧的错误检测和无法检测到没有相似内容但主题相同的视频等，所以很难只利用视觉信息去进行事件挖掘。为了进一步利用好文本信息，尽量克服文本信息的缺陷，本书充分利用文本信息的优点，例如：信息量丰富、没有重复内容的视频也会被类似的单词描述，修改或被编辑过的视频也用类似单词标注等。本书利用多重对应分析的特性，通过统计文本信息的分布规律来计算特征值对与事件间的相似度，并利用文本与视觉信息间的对应关系建立视觉近似

---

① Wu X, Lu Y-J, Peng Q, Et Al, "Mining Event Structures From Web Videos" IEEE Multi-media, Vol.18, No.1, 2011.

关键帧与事件间的相关度。由于将低频词考虑为有效信息,引入噪声是不可避免的问题。另外,多语言问题以及不同用户的表达习惯等问题使得多重对应分析的查准率仍然偏低。然而,统计特征使得多重对应分析比其他方法更稳定,所以查全率比其他基准方法更高。

新提出的方法的($MCA + CC_V$),F1值相比于其他方法均有了较大幅度的提高,更令人鼓舞的是最高值竟然达到了63%。由此可知,重要的视频镜头常带有大量的信息,并伴随着大量的重要事件。因此,视觉近似关键帧对于将内容相关的视频聚类来说是一个非常关键的信息。相反,文本信息则具有语义广泛、一词多义甚至词意模糊等特点。虽然,低频的单词和视觉近似关键帧等信息引入了大量噪声,但是,多重对应分析与共同发生特征的融合在事件挖掘中还是取得了较大的提高。同时证明了本书新提出的方法在对查准率影响不大的情况下,可以把更多的相关视频归入相关事件中。

第四节 本章小结

当面对搜索引擎返回的海量网络视频时,从搜索列表中快速挖掘出主要事件是一件非常重要的任务。由于网络视频的独特特性,如有限数量的特征、不可避免的视觉近似关键帧检测错误和嘈杂的文本信息等,都对网络视频的事件的挖掘提出了新的挑战。在本章中,本书新提出了一种4步网络视频事件挖掘方法,通过文本与视觉信息的融合提高网络视频事件挖掘的性能。本书的探索将多重对应分析应用到网络视频检索领域,利用单词的统计特征计算特征值对与事件的相关度,并利用单词与视觉近似关键帧间的对应关系,建立起视觉近似关键帧与语义信息间的桥梁。此外,频率较低的文本和视觉信息均被认为是有效信息，并在实验中起到了重要作用。然而，如何处理没有任何重复信息的网络视频和嘈杂的文本信息仍然是下一步仍待解决的问题。令人鼓舞的是，可以看到本书的工作取得了长足的进步，尽管结果仍然不能令人满意。因此，除了利用好有限和嘈杂网络视频的文本与视觉信息，本书会尽量挖掘属于同一事件，并表达同一主题的视频，即拥有多种表达形式的视频，用以丰富本书的视觉信息，本书将探索利用视觉近似关键帧的时间信息来丰富其内容信息。另外，本书将寻求利用视觉内容的相关性挖掘文本信息的语义相关性，以提高文本信息的鲁棒性，从而使多重对应分析中的文本信息的分布特征更加稳定可靠。

第三章

基于视觉特征轨迹与文本分布特征的网络视频事件挖掘研究

为了解决基于视觉内容的特征受视觉形式所限，只能挖掘到一种情境的问题。首先，本书探索了文本与视频特征轨迹的特性，通过分析和比较两者的异同，将两者结合在一起进行事件挖掘，如图3—1所示。实验发现，虽然两者的结合在一定程度上能够提高挖掘效果，但是由于网络视频的文本信息量少、噪声多、同义词和多语言等问题，使得文本特征轨迹既不稳定也不够准确，难以作为有效特征。其次，由于视觉特征轨迹易受视觉近似关键帧检测效果的影响，本书将内容相关的视觉近似关键帧进行聚类，以提高视觉特征轨迹的鲁棒性与稳定性，并利用视觉近似关键帧间的内容相关性增加文本信息间的相关度，以提高文本分布特征的鲁棒性。最后，由于视觉信息相对于文本信息具有更不易受影响，以及噪声更少等优势。本书将其作为一种有效的特征进行事件挖掘，并提出了一种将文本与视觉信息相融合的方案来进行事件挖掘，如图3—1所示。

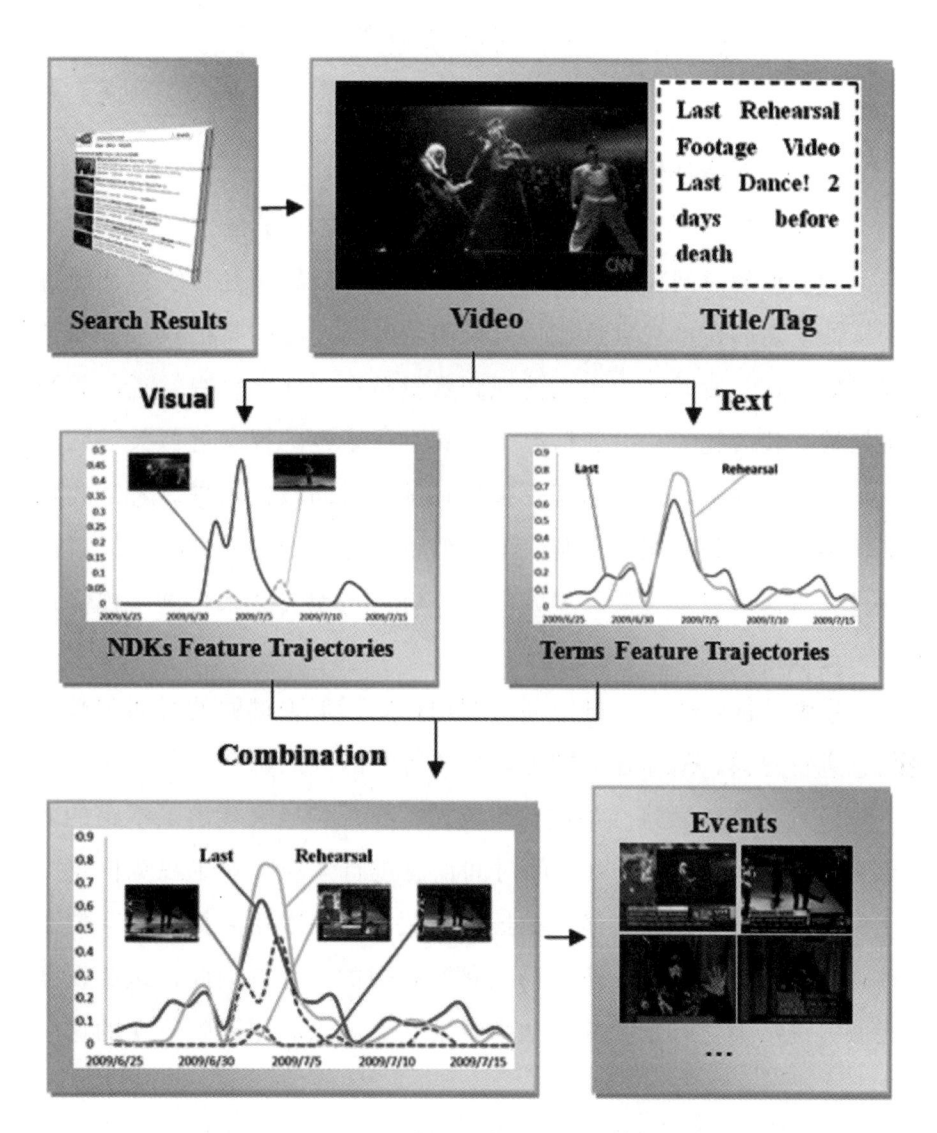

图 3—1 利用文本和视觉特征轨迹进行事件挖掘

第一节　基于特征轨迹的事件挖掘

一　视觉特征轨迹

"特征轨迹是信息检索领域中的一种统计方法"[①]，用以评价特征的权重随时间变化的分布情况。视觉特征轨迹是传统特征轨迹的延伸，用以评价视觉近似关键帧随着时间变化的特征权重分布情况。如果在一段时间内出现的视频数量越多，那么该视觉近似关键帧的权重就会越大。一般情况下，具有代表性的视觉近似关键帧只在某一特定的时间段内出现，很少在其他时间段内出现。若某些特征轨迹的发展趋势相似，则表明它们权重分布的一致性。所以可以通过分析这些视觉近似关键帧的特征轨迹的相关性来将这些视觉近似关键帧进行聚类。

视觉特征轨迹在二维空间中利用视觉近似关键帧的时间和频率信息进行建模，从而建立视觉近似关键帧的特征轨迹。

最近，"特征轨迹在话题检索与跟踪这一领域表现出了不错的效果"[②][③]，主要利用活跃事件的时间信息进行建模。对于视觉信息来说，重要的视觉镜头会经常被插入相关的视频中用来提醒或支持某种观点，与文本领域的热点词汇具有相似的功效。因此，这些视觉近似关键帧中含有重要的视频内容信息，可以利用视频信息的这一

[①] Wu X, Lu Y-J, Peng Q, Et Al, "Mining Event Structures From Web Videos" IEEE Multimedia, Vol. 18, No. 1, 2011.

[②] Fung G P C, Yu J X, Yu P S, Et Al, "Parameter Free Bursty Events Detection In Text Streams" In Proceedings of the 31st International Conference on Very Large Data Bases, Trento, Italy, October 2005.

[③] He Q, Chang K, Lim E-P, "Analyzing Feature Trajectories For Event Detection" In Proceedings of the 30th Annual International Acm Sigir Conference on Research And Development In Information Retrieval, Amsterdam, the Netherlands, October 2007.

特性将属于同一事件的视频进行聚类。虽然,文章"对视觉近似关键帧的特征轨迹进行了初步探索"[1],但是,文章中并没有对网络视频中视觉特征轨迹所体现出来的一些新特性及其鲁棒性分析进行相关研究。同时,也没有对网络视频的文本与视觉特征轨迹的相关性进行相关研究。因此,本书将对文本与视觉特征轨迹的特性进行深入研究与分析,并探索利用两者之间的关系来尝试通过文本与视觉特征轨迹的融合进行事件挖掘的可行性。

从直观上而言,一个事件可以简明地用几个具有代表性和区分力的单词或词组来描述。比如说,"迈克尔""杰克逊""最后""排练"等单词可以代表事件"迈克尔·杰克逊最后的排练"的一些主要特征。一些紧密关联的代表性特征可被用来重构一个事件的描述。本书根据一个单词的 $df-idf$ 来定义一个单词的代表性,并将这些特征在时间轴上进行跟踪,因而形成了一个突发性特征的时间序列,可称之为突发性特征轨迹。其中特征轨迹 y_k 可由公式3—1表示。

$$y_k = < y_k(t_i), y_k(t_{i+1}), \cdots, y_k(t_{i+n}) > \quad (3—1)$$

其中,$y_k(t_i)$ 为特征轨迹 y_k 在时间单位 t_i 的权重。此处,时间单位为一天。$y_k(t_i)$ 根据公式3—2中的 $tf-idf$ 值计算而来:

$$y_k(t_i) = \frac{df_i(t_i)}{N(t_i)} \times \log\frac{N}{df_i} \quad (3—2)$$

其中,$df_i(t_i)$ 指在第 t_i 天包括特征 y_k 的视频数目,df_i 指在整个时间段里包含单词特征 y_k 的视频数,$N(t_i)$ 指在第 t_i 天的视频数,N 是整个时间段内总的视频数目。在网络视频的场景中,本书将研究文本和视觉特征的属性。其中,文本特征指的是视频中的标题和标签所包含的信息,视觉特征指的是视觉近似重复关键帧所包

---

[1] Wu X, Lu Y-J, Peng Q, Et Al, "Mining Event Structures From Web Videos" IEEE Multi-media, Vol. 18, No. 1, 2011.

含的信息。

二 文本特征轨迹分析与研究

文本信息主要在二维空间中利用时间和频率信息进行建模，进而建立文本信息的特征轨迹。然而，与传统的文档领域相比，由于网络视频的文本信息主要由标题和标签两部分组成，因此，具有更少的有效信息。另外，这些文本信息中具有更多的噪声，语义信息不完整，甚至有些文本信息具有误导性高频词汇，使得网络视频更不具有代表性。因此，与传统领域相比，网络视频的文本特征轨迹会表现出不同的特性。一个事件可以通过几个具有代表性的词来简洁地描述。例如："最后"（Last）"排练"（Rehearsal）"伦敦"（London）和"音乐会"（Concert）可以是迈克尔·杰克逊伦敦演唱会"最后的彩排"的这一事件的关键词。经观察与研究发现网络视频中密切相关的单词通常会表现出相似的特征轨迹。因为，一些密切相关的词会经常一起出现。例如："最后"和"排练"通常伴随着与"迈克尔·杰克逊最后的彩排"这一事件相关的视频。如果一个事件发生，通常一些代表性的单词会在一段时间内经常一起出现，而这些单词会很少出现在其他的时间段内。它们通常会具有相同趋势或者模式，这些特点暗示了它们的一致性。如图3—2所示，图中两个单词"最后"（Last）和"排练"（Rehearsal）都属于同一事件，所以它们的特征轨迹就表现出了相似的分布特性和发展趋势。同时，单词"悼念"（Memorial）属于另一个的事件，因此，它的特征轨迹相对于其他事件中的单词便表现出了不同的分布特性和趋势。

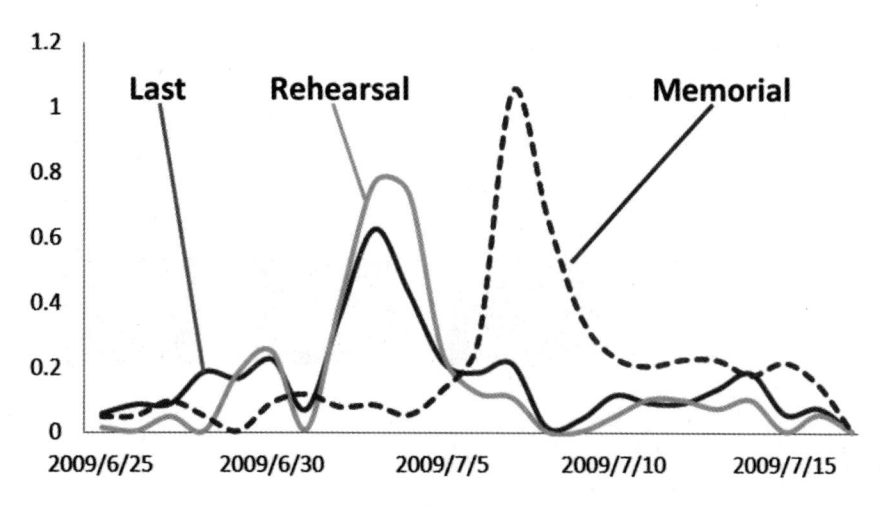

图3—2 属于同一事件的文本信息通常表现出相似的特征轨迹，而属于不同事件的文本信息则表现出不同的特征轨迹

三 视觉特征轨迹分析与研究

除了标题和标签外，视频本身就是网络视频的重要组成部分也为用户提供了大量有效信息。同样地，视觉信息也可用类似文本的方法，构造视觉特征的时间序列轨迹。其中，视觉近似关键帧和传统文档之间的差异主要体现在以下三个方面：（1）视觉近似关键帧的数量比传统文档中的文字数量要明显少很多；（2）很多关键帧只出现一次，并没有与之相似的视觉关键帧；（3）由于关键帧间的相似性检测误差，造成原本视觉相关的关键帧被分成不同的类，甚至有些视觉上完全不相关的关键帧被误检为相似关键帧。

对于可能导致视觉特征轨迹表现出不同属性的因素，值得深入探索与研究。经观察与研究发现网络视频中相关的视觉近似关键帧通常具有类似的视觉特征轨迹。这是因为属于同一事件的视觉近似关键帧通常具有类似的视觉特征轨迹。如图3—3所示，"迈克尔·杰克逊正在跳舞的MTV"和"MTV的封面"在时间轴上表现出相似的视觉特征轨迹，它们都同属于"迈克尔·杰克逊死亡的悼念"

事件。与此相反,"杰克逊正在祈祷"这一关键帧则表现出了与前两者不同的特征轨迹,因为它属于另一个叫"对于迈克尔·杰克逊死亡的伤心"事件。

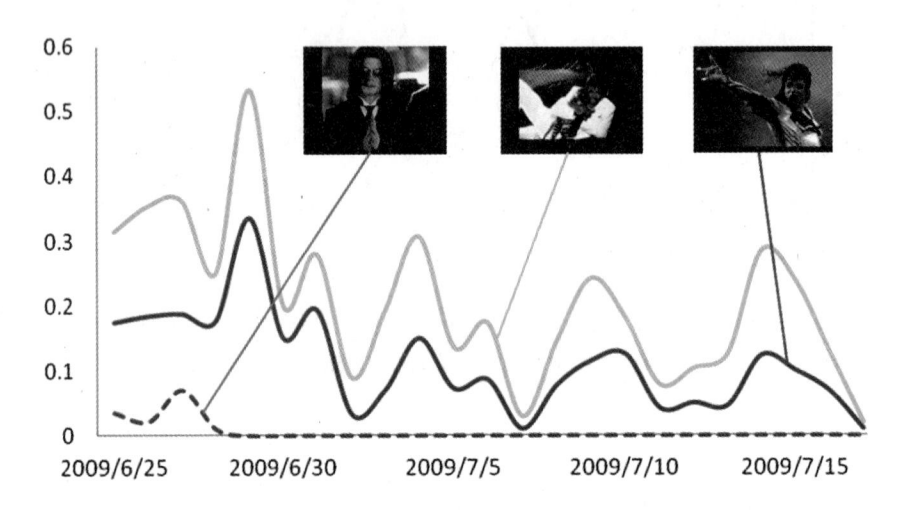

图 3—3 同一主题的视觉近似关键帧通常具有相似的特征轨迹,而不同主题的视觉近似关键帧则表现出不同的特征轨迹

四 文本与视觉特征轨迹的融合

一个重要事件发生,通常会伴随着大量相关的网络视频出现,同时有关该事件的视觉和文本代表性特征会经常在一段时间内一起出现,在特征轨迹中会表现为一个波峰,这些具有相同趋势或者模式的特征暗示了它们的一致性,显然,此时它们的突发轨迹在这一特殊的时间点上具有重要的意义,而将它们聚类起来就能更好地进行事件挖掘。将这些波峰分布比较相似,时间轴上的分布趋势也相似的特征轨迹聚在一起对事件挖掘提供了非常有帮助的线索。

由于文本和视觉相似关键帧的特征轨迹不仅表现出了两者的共性,还表现出了两者的互补特性。这就意味着大量的热点词汇或关键视频镜头的出现。例如:在图 3—4 中,对于"迈克尔·杰克逊死亡"这一话题来说,在事件"最后的彩排"发生后,网络上便既有文本特征"最后"和"排练"出现,也有迈克尔·杰克逊唱歌和跳舞的镜头出现,可以看出它们在此时间段内表现出了共性和互补特性。一方面,它们不仅爆发的时间点接近,而且具有很高的重叠度和发展趋势;另一方面,当视觉相似关键帧丢失部分信息时,文本信息就包含了大量视觉信息丢失的信息,而当文本信息噪声过多时,视觉相似关键帧所代表的信息又能帮助寻找主要事件爆发区间并去除其部分噪声。因此,检测文本和视觉相似关键帧的特征轨迹的相似度具有重要意义。为了更好地将相关性强的两个或更多特征组合在一起,本书分别就文本和视觉近似关键帧的特征轨迹进行了大量实验,并提出了一个新的测量方法。为了能够更好地测量文本和视觉相似关键帧的轨迹的相似度,文本和视觉相似关键帧的轨迹被同等对待并引入了三种重要因素:波峰时间差(PTD)、时间跨度重叠(TSO)和轨迹间的距离(TD)。特征轨迹的波峰时间点预示着事件爆发的时间点。如果两个特征相关性比较强,那么这两个特征所代表的事件的爆发时间就会相隔不远,所以它们的波峰时间点应该较近。时间跨度的重叠度主要是用来度量特征轨迹间的共同发生程度,同一事件的文本与视觉特征轨迹在时间分布上应该经常在一起,即它们在时间分布上具有较高的重叠度。特征轨迹间的差距表明了文本与视觉特征轨迹间的总体差距。

为了公平起见,本书将文本与视觉特征轨迹同等对待,将两者结合在一起进行事件挖掘。文本与视觉特征轨迹 y_i 和 y_j 的相似度计算方法如下:

$$S(y_i, y_j) = ptd(y_i, y_j) \times tso(y_i, y_j) \times td(y_i, y_j) \quad (3\text{—}3)$$

$$S(y_i, y_j) = \frac{1}{|P_i - P_j|} \times \frac{|y_i \cap y_j|}{\max(|y_i|, |y_j|)} \times td(y_i, y_j)$$

$$(3\text{—}4)$$

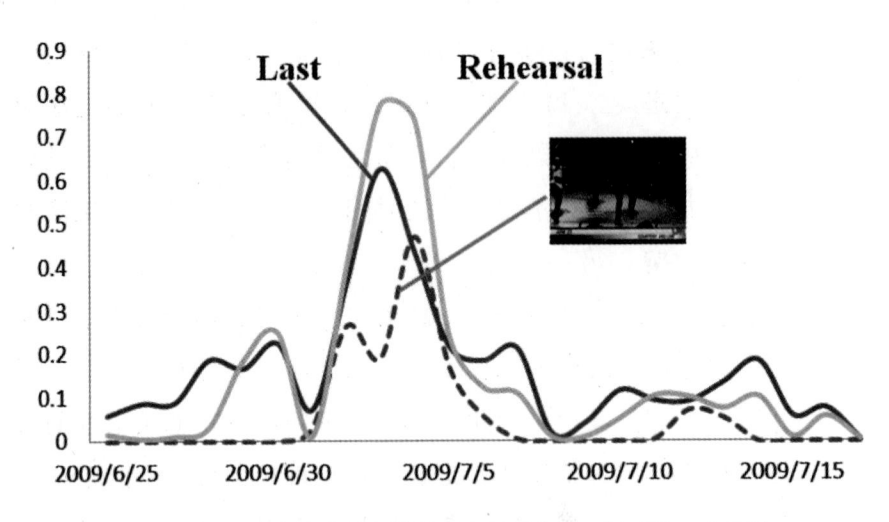

图 3—4　文本和视觉特征轨迹具有很多共性，属于同一事件的
文本与视觉特征轨迹表现出相似的特征轨迹

$$td(y_i, y_j) = \frac{1}{\sqrt{\sum_{k=1}^{m}(y_i(t_k) - y_j(t_k))^2}} \qquad (3-5)$$

其中，P_i 和 P_j 分别表示特征轨迹 y_i 和 y_j 的波峰时间，即特征轨迹达到最大值的时间点。$|y_i|$ 指特征轨迹 $y_i > 0$ 的天数。$|y_i \cap y_j|$ 指特征轨迹 y_i 和 y_j 共同发生的天数。$td(y_i, y_j)$ 指轨迹 y_i 和 y_j 间的欧式距离。$y_i(t_k)$ 是由 $tf-idf$ 计算得到的。

第二节　实验与分析

一　实验数据

实验采用文献［62］使用的数据集进行实验评估，本书随机选择了 10 个话题，约 9919 个视频进行实验。关于该数据集的详细信息如表 3—1 所示。因为用户提供的标签等文字信息含有大量的噪声，所以，对文本信息进行了一系列的数据预处理工作（词干提取、特殊字符去除等）。其中，低频单词和视觉近似关键帧均被视为噪声，因为它们大多数是属于噪音的或微不足道的，且它们的特征轨迹也不稳定。

二 实验分析

为了更好地评价网络视频的事件挖掘效果，以文献［65］的方法作为基准方法。首先，提取基于 $df-idf$ 归一化的文本特征轨迹。其次，将高度相关的单词进行聚类，并通过将单词集映射到视频集来构造事件。最后，与文献［62］中的方法做了对比实验。本书分别用文本特征轨迹（TFT）、视觉特征轨迹事件挖掘（VFT）和文本特征轨迹与视觉特征轨迹的融合做了事件挖掘的性能测试。而聚类算法用的是比较流行的 $K\text{-}means$ 算法，其中 k 是根据实际事件的数量进行设定的。

性能比较的详细情况如表 3—1 所示。由此，可以看出基准方法的性能不够好，这表明网络视频中，仅仅利用文本信息进行事件挖掘的效果并不理想。一组具有代表性的视觉镜头往往伴随着一个重要事件，因此，基于视觉特征轨迹的结果具有较高的精确度。另外，文本信息包含更多由于视觉近似关键帧错误检测而丢失的视频，因此，文本特征轨迹具有较高的覆盖率。与此同时，文本信息的以下特性：比较笼统、语义模糊和噪声多等，使得文本特征轨迹引入了更多噪声，因此这种方法的精确度较低。

由于文本特征轨迹同时考虑了文本特征轨迹的以下三个因素：波峰时间差、时间重叠度和轨迹的距离，而基线只考虑特征轨迹间距离，从而比基准方法有更好的效果。总之，通过文本和视觉特征轨迹融合进行事件挖掘的效果相对于基准方法，虽然其精确度略有下降，但是其覆盖率得到了明显提升。这足以证明，文本和视觉信息具有互补特性，而通过两者的结合可以将更多高度相关的视频聚集在一起。

网络视频具有以下特点：有限的特征、不可避免的视觉近似关键帧检测错误以及文本信息中过多的噪声等。这些独特特性使得网络视频的事件挖掘成为一个非常具有挑战性的任务。同时，这些特点又使得文本和视觉的特征轨迹与传统方法相比表现出新的特性。本书将进行对文本和视觉特征轨迹的深入研究与学习，并探索通过两者的融合进行事件挖掘的可行性。

表3—1 数据信息及性能比较（表中 P 与 R 分别表示查准率和查全率）

话题	视频数（个）	Baseline[1] P	Baseline[1] R	CO+VFT[2] P	CO+VFT[2] R	TFT P	TFT R	VFT P	VFT R	TFT+VFT P	TFT+VFT R
北京奥运会	1,098	0.54	0.11	0.64	0.18	0.37	0.41	0.79	0.49	0.63	0.50
孟买恐怖袭击	423	0.31	0.14	0.49	0.19	0.31	0.55	0.49	0.23	0.37	0.53
俄罗斯格鲁吉亚战争	749	0.58	0.11	0.72	0.15	0.53	0.32	0.65	0.14	0.60	0.35
弗吉尼亚理工大学校园枪击案	683	0.76	0.05	0.73	0.33	0.76	0.32	0.82	0.23	0.75	0.53
北京奥运火炬接力	652	0.52	0.41	0.52	0.20	0.32	0.66	0.58	0.21	0.47	0.51
四川大地震	1,458	0.52	0.05	0.76	0.47	0.51	0.20	0.77	0.34	0.70	0.47
加州野火	426	0.46	0.12	0.68	0.18	0.46	0.33	0.69	0.15	0.60	0.36
科索沃独立	524	0.66	0.07	0.78	0.09	0.81	0.19	0.91	0.07	0.83	0.23
伊朗核计划	1,056	0.60	0.07	0.83	0.10	0.62	0.41	0.66	0.07	0.63	0.47
迈克尔·杰克逊死亡	2,850	0.64	0.08	0.83	0.11	0.54	0.31	0.61	0.12	0.56	0.37
平均值		0.56	0.12	0.70	0.20	0.52	0.37	0.70	0.21	0.61	0.43

---

[1] He Q, Chang K, Lim E-P, "Analyzing Feature Trajectories For Event Detection" In Proceedings of the 30th Annual International Acm Sigir Conference on Research And Development In Information Retrieval, Amsterdam, the Netherlands, October 2007.

[2] Wu X, Lu Y-J, Peng Q, Et Al, "Mining Event Structures From Web Videos" IEEE Multimedia, Vol. 18, No. 1, 2011.

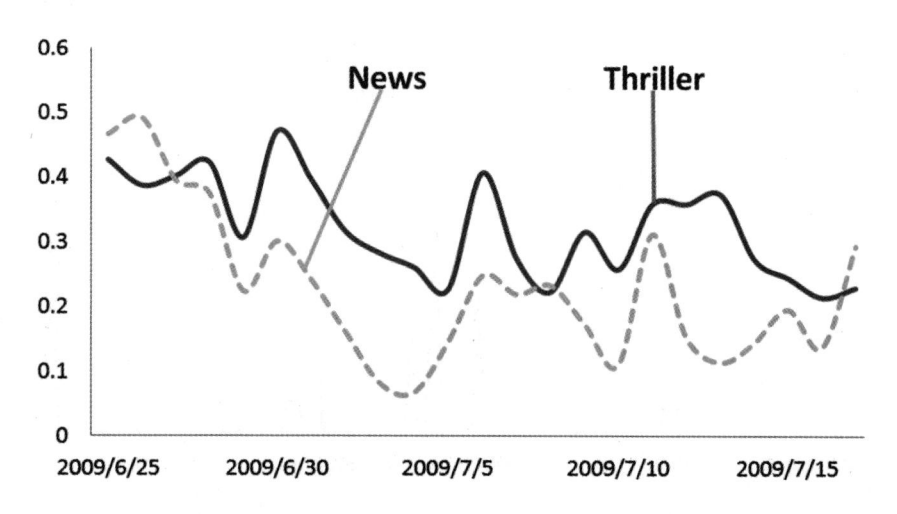

图3—5 嘈杂的文本信息,使得属于不同事件的文本表现出相似的特征轨迹

实验结果表明,虽然特征轨迹在网络视频的事件挖掘中具有独特特性,但是本书的实验结果仍然不够理想,经深入分析与研究后发现文本与视觉特征轨迹表现出了以下新的特性:

(1) 不相关的单词亦有可能表现出相似的特征轨迹

尽管有些单词的特征轨迹看起来相似,但是它们仍然可能是不相关的单词。例如:图3—5中单词"新闻"(News)和"恐怖"(Thriller)。网络视频中文本信息的嘈杂性,使得文本信息的特征轨迹更易受到干扰,从而影响文本特征轨迹的准确性。因此,需要进一步增加文本信息的鲁棒性与准确性。

(2) 语义相关的单词的特征轨迹也可能表现出截然不同的趋势

对于北京奥运会的标志性建筑"水立方",单词"水"(Water)和"立方"(Cube)有着密切的关系。然而,它们的特征轨迹却并不相同,如图3—6所示。此建筑可以用多种形式来表达,诸如"水体育场"(Water Stadium)"立方中心"(Cube Center)"立方体育场"(Cube Stadium)等。由于每个人的习惯不同,导致即使语义相关的词也可能表现出不同的轨迹。

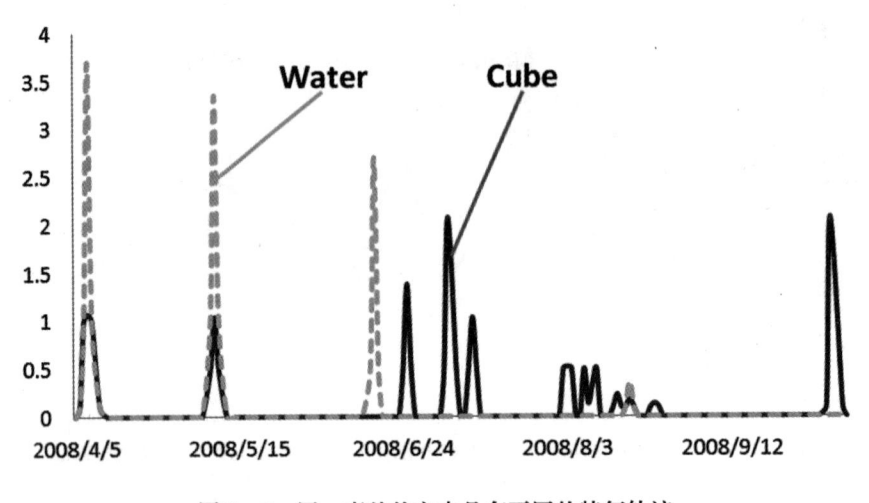

图 3—6 同一事件的文本具有不同的特征轨迹

（3）具有相似趋势的视觉近似关键帧也可能属于不同的主题

关键帧的相似性检测错误导致视觉近似关键帧的轨迹发生变化，使得不能保证具有类似趋势的特征轨迹一定属于同一事件。例如：图 3—7 中，由于第一个视觉近似关键帧中加入文字等信息，经检测只能得到部分内容相关的视觉近似关键帧，使其特征轨迹发生变化，从而与另一视觉近似关键帧的特征轨迹在一定程度上表现出了相似的趋势。然而，它们却属于不同的主题。

（4）相似的镜头可能表现出不同的轨迹

视觉近似关键帧的相似性检测仍然是一个非常具有挑战性的任务，因此，所检测到的视觉近似关键帧组仍有很多地方需要改进。一方面，虽然有些视觉近似关键帧本应属于一个组，但是由于某些视觉近似关键帧被编辑或者被修改过，使得与之相关的其他视觉近似关键帧的相似性变弱，甚至被分到不同的组内，从而造成它们被分到多个不同的组内，并且表现出不同的特征轨迹。例如，图 3—8 中三个视觉近似关键帧都是关于"最后一次彩排中杰克逊正在跳舞"的。然而，由于它们被错误地分成了三个组，并且每个组的特征轨迹表现出不同的特性，从而使得真实的特征轨迹与理想的视觉

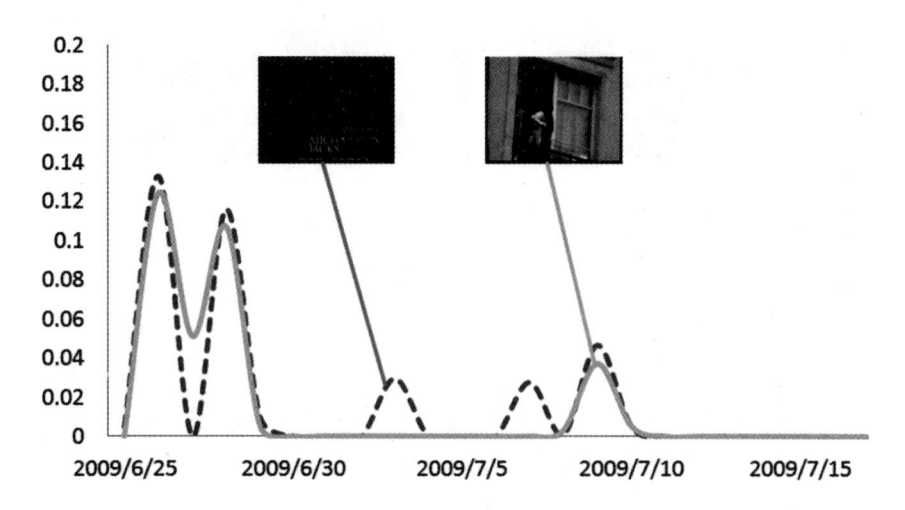

图3—7 视觉近似关键帧的相似性检测错误使得具有相似视觉特征轨迹的视觉近似关键帧属于不同的事件

特征轨迹大相径庭。同样地，如图3—9所示，另一个事件"伦敦演唱会的新闻发布会"也表现出了类似的特性。

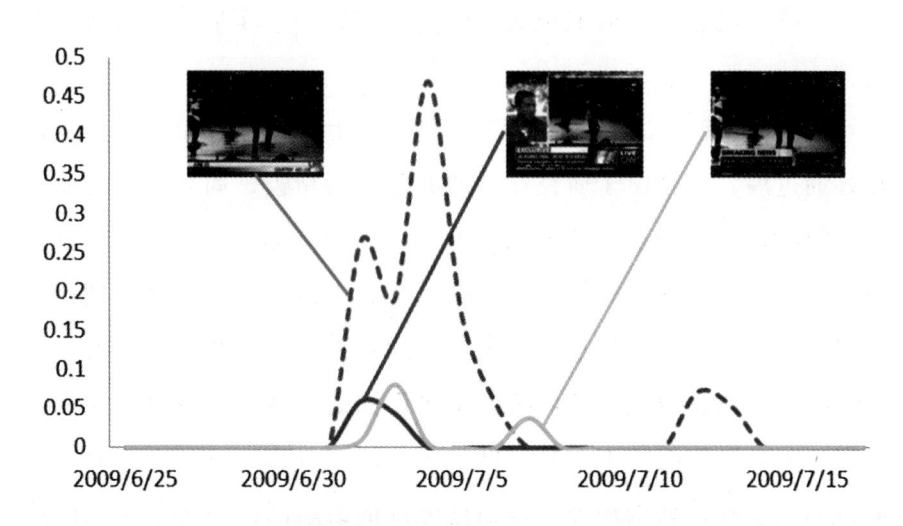

图3—8 视觉近似关键帧的相似性错误检测使得同一主题的视觉近似关键帧具有不同的特征轨迹

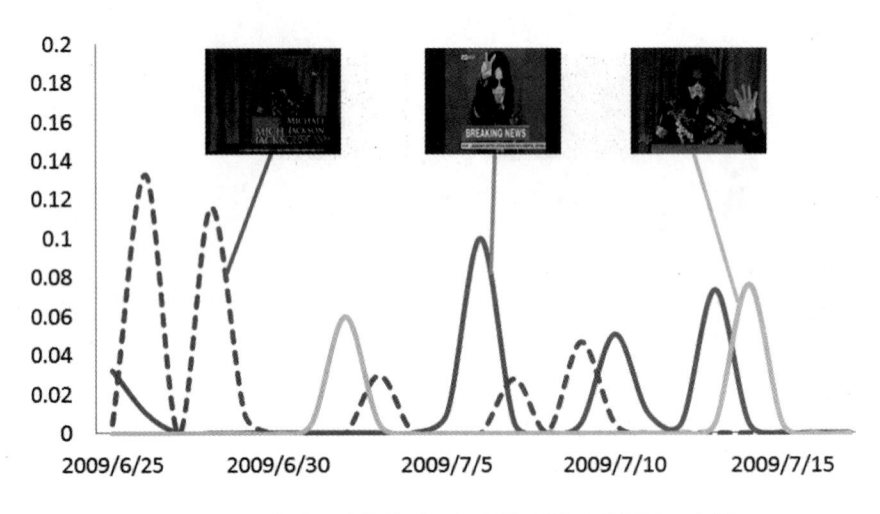

图3—9　视觉近似关键帧的相似性检测错误使得同一主题
的视觉近似关键帧具有不同的特征轨迹

由上可知，无论是文本信息还是视觉信息都表现出不稳定的特性，因此单一的某种信息并不适合进行网络视频的事件挖掘。这使得基于特征轨迹的网络视频的事件挖掘变成一个非常具有挑战性的任务。

虽然目前已在大规模网络视频数据库上进行了大量实验并取得较好的进展，但是由于研究涉及的课题较为新颖，尚存在一些亟待解决的问题。首先，由于网络视频具有的一些特性：有限的特征、不可避免的视觉近似相似关键帧检测和文本信息噪声多等，使得基于网络视频的事件挖掘是一个挑战。同时，这些特性又使得文本和视觉的特征轨迹表现出与传统的文稿不同的特性。所得覆盖率仍然不高的部分原因是本书忽略了低频的特征。其次，除了有限且充满噪声的文本和视频资源外，本书还可以借助新闻网站等主体获取更多的有用信息。最后，国内外研究此课题的相对较少，此课题还需建立更加客观完善的实验评价体系，来增加对比实验的说服力。此外，对于少数集合中存在的关于文本关键词和视觉相关度不大的噪声视频仍然缺乏一种自动识别并排除的机制,并且当这类噪声视频在话题中所占比重较大时会对话题事件检测造成较大影响。面对搜索引擎返回的海量信息,仍有大量网络视频并没有近似关键帧信息,因此,文本语义信息以及文本信息和视觉信息间的互补特性值得进一步深入研究。

第三节 基于内容的视觉特征轨迹与文本信息融合的事件挖掘

虽然,视觉近似关键帧的特征轨迹易受关键帧的相似性检测和视频编辑的影响,但是,它不受视频内容的影响,可以将多种形式的、多种内容的网络视频聚集在一起。另外,虽然,视觉近似关键帧的共同发生特征只考虑与之内容相关的视觉近似关键帧,只能将一种场景的网络视频聚集在一起,但是,对于同一场景的网络视频内容聚类往往得到的效果更好,并不会丢失很多网络视频。

因此,视觉近似关键帧的特征轨迹与共同发生特征具有一定的互补特性,不仅可以用视觉近似关键帧的共同发生特征去加强其特征轨迹的鲁棒性,而且可以利用特征轨迹的多样性来弥补共同发生特征的内容的单一性。

对于视觉信息,视觉近似关键帧是网络视频事件挖掘中非常关键的信息,虽然它可以将与内容相关的关键帧聚在一起,以方便以他们为目标进行特征提取和事件聚类,但是,由于它易受光照、视频质量和视频编辑等因素的影响,可知视觉近似关键帧的错误检测是一个不可避免的问题。因此,可以用视觉近似关键帧的共同发生特征来计算视觉近似关键帧间的相似度,从而在一定程度上来弥补视觉近似关键帧由于错误检测而造成的影响。然而,由于视觉近似关键帧只能检测到场景内容单一的网络视频，若某一事件的描述方式或角度不同，例如：某一事件由多种场景组成，那么共同发生特征只能挖掘到某一种场景，即此事件被分隔成了几个小事件。与此同时，视觉近似关键帧的特征轨迹却不考虑网络视频间的内容相关性，只关心它们的时间分布特征，故特征轨迹可以进一步将被分成几个类的事件进一步聚集在一起。从另一种角度讲，视觉近似关键帧的特征轨迹的稳定性和准确性依赖于视觉近似关键帧的检测效果，如果效果比较好，那么事件挖掘效果就会取得较理想的效果；反之，效果就会较差。虽然，视觉近似关键帧的共同发生特征难以找到多种场景的关键帧之间的关系，但是，对于单一场景的关键帧，共同发生特征可达到的效果已经不错。特征轨迹对象是某一个视觉近似关键帧，且必是单一场景，因此，共同发生特征对特征轨迹的稳定性和准确性帮助很大。总之，共同发生特征和视觉特征轨迹之间的关系是互利共赢的，它们的优缺点是互补的。将视觉近似关键帧的特征轨迹和共同发生特征融合在一起进行事件挖掘可以进一步提高事件挖掘的效率。

对于文本信息来说，网络视频中含有的文本信息量非常少，只有短短几十字，信息非常不完整，且其中还包含了大量的噪声。这是由非专业的普通用户描述网络视频内容不可避免的问题。由于教育和文化背景不同，不同用户有不同的语言习惯，对于同一内容，不同用户自然就会有不同的描述。比如：有些用户比较有耐心，喜欢用语义比较详细的词语去描述网络视频的内容，而有部分用户不想花很多时间在描述网络视频的内容上，只是用概括性比较强的几个词来描述视频内容，甚至有些用户将一些与本视频内容毫不相关的热点词汇加进去来吸引点击率。不同国家的用户使用不同的语言也是一个很大的问题。从另一个角度讲，网络视频中内容相关的视觉近似关键帧，它们的文本信息的语义相关性会比较强。如果利用相对比较客观的视觉内容信息来对它们的文本信息进行聚类，可以将更多的语义相关的单词聚集在一起，这相对于根据单一的单词来进行聚类，其鲁棒性将会得到更大程度的提高。从而使得用多重对应分析统计文本信息的分布特征时，准确性更好、特征更稳定可靠。

对于视觉与文本信息的融合，由于视觉特征与文本特征相比更客观，不宜受主观因素影响，但是对于只出现过一次或很少次的视频，无法用视觉特征对其检测，这样会丢失不少网络视频。文本特征虽然噪声多，宜受主观因素影响，但是它涵盖的范围广，只要是与其语义相关的视频，都有可能是相关视频。因此，视觉与文本信息也具有一定的互补特性，使用单独的二者之一信息的特征很难达到理想效果。故提出通过概率模型将两者结合在一起进行网络视频的事件挖掘。

基于内容的视觉特征轨迹与文本信息融合的事件挖掘方法如图3—10所示，主要由四个步骤组成：数据预处理、视觉信息相似性检测、文本信息相似性检测和视觉与文本信息的融合。其中，事件挖掘均是在话题内部进行的。输入是用户搜索得到的网络视频，经视觉近似关键帧提取后得到与之相对应的文本信息，输出是分好类的事件。

第1步，提取文本信息和视觉近似关键帧，并分别进行数据预处理。由于视觉近似关键帧具有将内容相关的视频进行聚类的特性，故所有视觉近似关键帧均视为视觉信息，而从视频的标题和标签中提取的单词则作为文本信息。由于用户上传的文本信息比较嘈杂，需要先去掉一些没有意义的特殊字符，并对文本信息做一些过滤工作。最后建立单词、视觉近似关键帧和事件之间的对应关系表，其中行是视觉近似关键帧，列是单词和事件。

第2步，视觉信息相似性检测。首先，利用视觉近似关键帧间

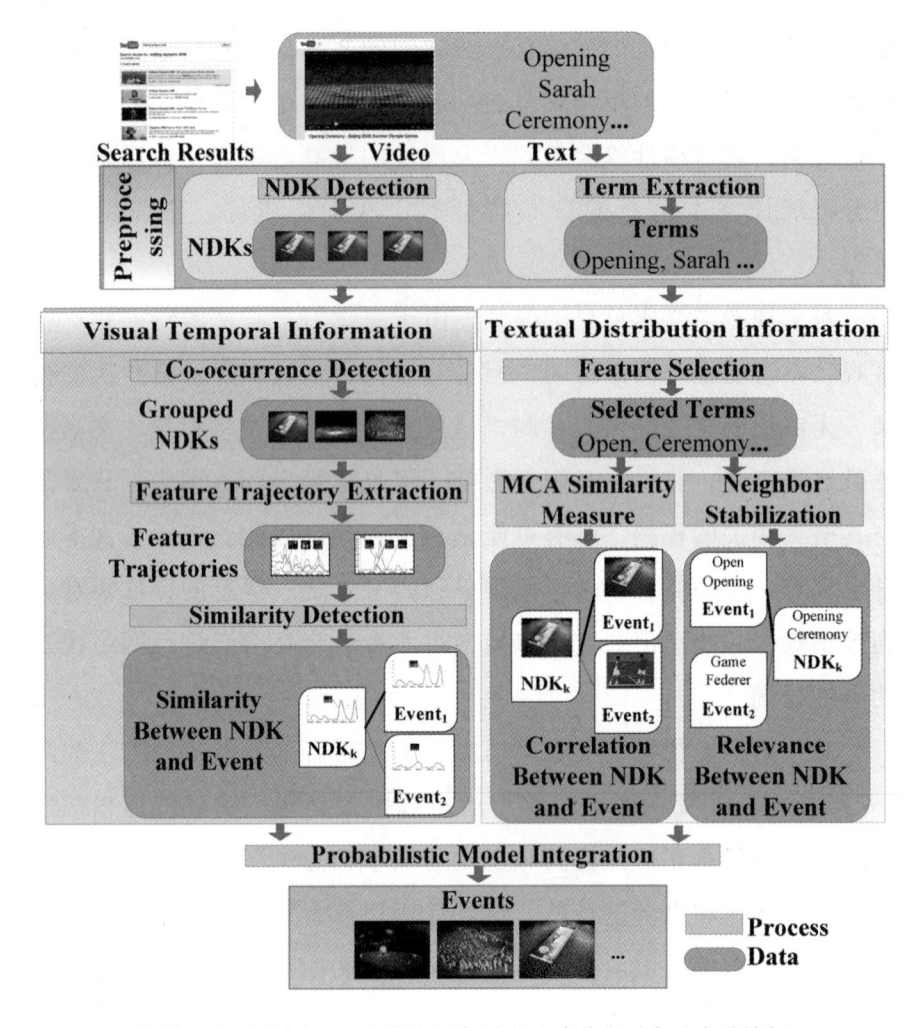

图 3—10 基于内容的视觉特征轨迹与文本信息融合的事件挖掘

的相关性对其进行聚类从而形成新的集合，最后，再在这些集合中提取特征轨迹，通过特征轨迹间的相似度得到每个视觉近似关键帧与所有事件间的相似度。

第 3 步，文本信息相似性检测。首先，根据维卡（Weka）中的方法对所有单词的重要性进行评估，并利用内容相关的视觉近似关键帧中具有代表性的单词来加强视觉近似关键帧与事件之间的关系。其次，通过多重对应分析计算视觉近似关键帧与事件间的关系。最后，综合上述信息得到每个视觉近似关键帧与所有事件间的相关度。

第4步，提出一种概率模型，通过文本与视觉信息有机地融合来计算每个视觉近似关键帧与所有事件间的相似度，并把每个视觉近似关键帧归入与之相似度最大的事件中，同时将包含这些视觉近似关键帧的网络视频也归入对应的事件中。

与上一章相比，本章做了如下改进：首先，将视觉特征轨迹与共同发生相融合，同时利用视觉近似关键帧的时间信息与视觉内容信息进行事件挖掘，挖掘出更多相关视觉信息。其次，对文本分布信息，通过视觉近似关键帧间的视觉相关性，挖掘出更多相关文本信息，并利用文本信息间的关系增强视觉近似关键帧与事件间的相关度。最后，对于多重对应分析模型的输入部分，通过统计每个单词在所有视觉近似关键帧中的权重情况来增加文本分布信息的准确度；为了更好地将文本与视觉信息融合在一起，提出了一种概率模型。与此同时，实验数据由10815个视频增加到19972个。

一 文本相关性

网络视频通常使用标题和标签来描述视频的内容。从这些文字中提取的特征视为文字信息。某一话题中的标题和标签常常伴随着数量众多的单词，而这些单词中又包含着大量的有用信息。

（1）特征选择和内容相关的视觉近似关键帧的利用

由于搜索引擎主要是根据文本信息的相关性来返回相关网络视频，搜索结果中往往会存在许多噪声，从而降低了数据挖掘的性能，因此特征选择可以用来净化文本特征。根据维卡中的卡方统计（*Chi-squared Statistics*）方法来评估每个单词的重要性。所有单词根据其重要性按降序排列[①]，将相邻两个单词间差距最大的作为阈值，并将重要性小于这两个单词的过滤掉。本书探索对于每一个视觉近似关键帧，利用与其关系稳定的视觉近似关键帧查找更多的相关单词得到单词集合。然后，利用这些单词集与事件间的关系来挖掘视觉近似关键帧与事件间的关系。例如：对于四个视觉近似关键帧 NDK_1、NDK_2、NDK_3 和 NDK_4，如图 3—11 所示。如果视觉近似关键帧 NDK_3 与 NDK_2 具有较强的内容相关性，其中单词"最后"（Final）属于 NDK_3，单词"最后"（Last）属于 NDK_2，由于它们所属的视觉近似关键帧具有较强的内容相关性，那么单词"最后"（Last）和"排练"（Rehearsal）的相关性也可能较高。此外，传递闭包算法可用于查找更多与视觉近似关键帧内容间接相关的视觉近似关键帧。例如：图 3—11 中，视觉近似关键帧 NDK_1 和 NDK_3 均与 NDK_2 具有较强的内容相关性，但是视觉近似关键帧 NDK_1 和 NDK_3 之间没有任何内容关联。通过传递闭包算法即可挖掘到视觉近似关键帧 NDK_1 和 NDK_3 之间的关系。最终，单词"最后"（Final）跟单词"最后"（Last）和"跳舞"（Dance）均语义相关。因此，对于任意两个视觉近似关键帧 NDK_i 和 NDK_j，它们分别被单词 $Term_p$ 和 $Term_q$ 标记，如果 NDK_i 与 NDK_j 的内容相关性越强，那么单词 $Term_p$ 和 $Term_q$ 的相关性语义相关性就越强。最后，跟 NDK_i 内容相关的所有视觉近似关键帧中的单词都会与 $Term_p$ 进行相似性计算比较。其中，视觉近似关键帧的共同发生和传递闭包算法用于尽可能多地找到与 NDK_i 内容相关的视觉近似关键帧。单词 $Term_p$ 与事件 $Event_n$ 之间的相关度计算公式如下：

$$S(Term_p, Event_k) = \frac{1}{p}\sum_{q=1}^{m} Jaccard(Term_p, Term_q) \quad (3-6)$$

[①] Li X, C. G. M. S, Marcel W, "Learning Social Tag Relevance By Neighbor Voting" IEEE Transactions on Multimedia, Vol. 11, No. 7, 2009.

其中 $Term_p$ 是在 NDK_i 中出现的单词，m 是在事件 $Event_k$ 中与 NDK_i 内容相关的视觉近似关键帧中出现的单词的个数。$Jaccard$ ($Term_p$，$Term_q$) 指单词 $Term_p$ 与 $Term_q$ 之间的 $Jaccard$ 值，$Term_q$ 出现在与视觉近似关键帧 NDK_i 内容相关的视觉关键帧中的某一单词。最终，视觉近似关键帧 NDK_i 与事件之间的相似度计算公式如下：

$$Sim_T(NDK_i, Event_k) = \frac{1}{t}\sum_{p=1}^{t}S(Term_p, Event_k) \quad (3-7)$$

其中，$Term_p$ 是在视觉近似关键帧 NDK_i 中出现的单词，t 是在 NDK_i 中出现的单词总数，$S(Term_p, Event_k)$ 的详细计算方法如公式（3—6）所示。

(2) 文本相似度检测

由于文本信息噪声比较多，仅用一种途径获得的相似性的效果可能并不理想，为了加强文本信息的鲁棒性，本书将前面得到的结果与多重对应分析得到的结果相融合进行事件挖掘。每一个视觉近似关键帧与所有事件间的相似度的计算方法如公式（3—8）所示：

$$Sim(NT_k, Event_r) = \gamma \times TW_{k,r} + (1-\gamma) \times Sim_T(NDK_k, Event_r) \quad (3-8)$$

其中，γ 是用来控制前面两种方法得到的结果的权重分布，公平起见，将文本与视觉信息视为同等重要，故令 $\gamma=0.5$。NT_k 表示视觉近似关键帧 NDK_k 中的文本信息，$TW_{k,r}$ 和 $Sim_T(NDK_k, E_r)$ 分别表示由多重对应分析公式（2—4）和 $Jaccard$ 公式（3—7）得到的视觉近似关键帧 NDK_k 与事件 E_r 之间的相似度。其中，在多重对应分析阶段，与第二章不同，在此计算视觉近似关键帧与单词间的对应关系时，通过 $TFIDF$ 计算每个单词在不同视觉近似关键帧中的权重分布情况如表3—2所示，具体计算公式如下：

$$TN(i,j) = \frac{TF_{i,j}}{N_j} \times \log\frac{N}{DF_i} \quad (3-9)$$

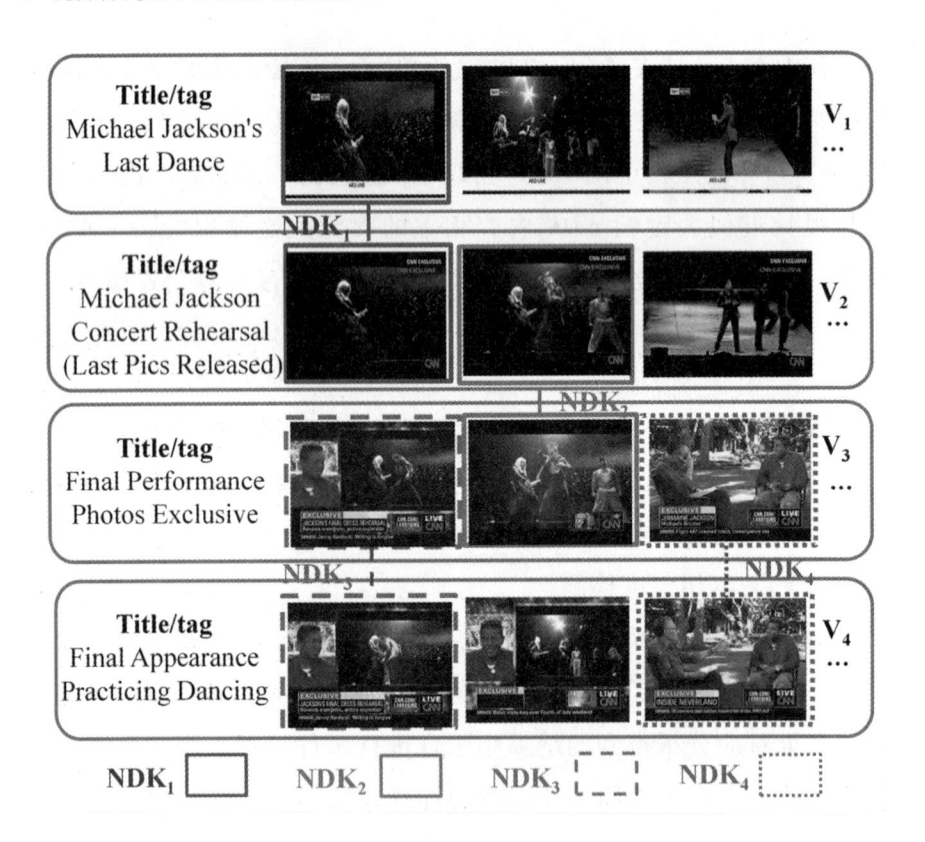

图 3—11 通过视觉近似关键帧间的视觉内容相关性，挖掘视觉近似关键帧间的文本信息的相关性，从而增强文本信息的鲁棒性

表 3—2 训练集中文本信息与视觉近似关键帧间的对应关系

	开幕式	菲尔普斯，游泳	…	吉祥物，福娃	事件
NDK_s	0.32	0.05	…	…	0
NDK_t	0.35	0.02	…	…	0
…	…	…	…	…	…
NDK_p	0.05	0.52	…	…	2
…	…	…	…	…	…

其中，$TF_{i,j}$ 指单词 T_i 在视觉近似关键帧 NDK_j 中出现的频率，N_j 指视觉近似关键帧 NDK_j 中出现的所有单词的总次数，DF_i 指包含单

词 T_i 的所有视觉近似关键帧数，N 指视觉近似关键帧总数。经离散化处理后，得到视觉近似关键帧与特征值对间的对应关系如表 3—3 所示。

表 3—3　离散化后特征值对与视觉近似关键帧间的对应关系

	开幕式	菲尔普斯，游泳	…	吉祥物，福娃	事件
NDS_s	F_1^1	F_2^1	…	F_T^1	0
NDK_t	F_1^2	F_2^1	…	F_T^1	0
…	…	…	…	…	…
NDK_p	F_1^2	F_2^2	…	F_T^2	2
…	…	…	…	…	…

二　基于内容的视觉特征轨迹

视觉近似关键帧提取完成后，每一个视觉近似关键帧都被视为一个"视觉词汇"，并包含了大量有效信息。从这些视觉近似关键帧上提取的特征作为视觉信息。例如：共同发生以及特征轨迹等。

（一）爆发区间检测

一般地，热点话题总是由事件的发生开始引起互联网的广泛报道，且随着时间的流逝，其关注度逐渐下降。因此，本书可以先识别不同媒体的话题突发时间区间。首先，从宏观上大致把不相关的事件区分开，滤除噪音；最后，对突发区间内的事件进行研究。通常，网络搜索引擎返回的搜索结果都是根据文本相关性排序，其中可能包含了很多跟搜索要求毫不相关的视频。例如：当用户搜索"迈克尔·杰克逊死亡"（Michael Jackson Death）的时候，大多数用户想看公元 2009 年 6 月 25 日发生的这一事件，但是由于关键词都与"迈克尔·杰克逊"（Michael Jackson）相关，所以好多关于"迈克尔·杰克逊歌曲"（Songs of Michael Jackson）的网络视频也被列了出来。事实上，每个话题都主要集中发生在一段时间内，要想从这些搜索结果中挖掘事件,最好根据视频的上传时间定位好话题的爆发区间。本书用如下方法定位每一个话题的突发区间[①],具体计算公式如下所示:

$$R_j = [t_j - w, \ t_j + w] \quad \|V_j\| \geq \alpha \frac{\sum_{k=1}^{n} |V_k|}{n} \quad (3—10)$$

其中,$|V_j|$ 表示在时间 t_j 内上传的网络视频数量,n 是天数。α 和 w 分别用来控制波峰时间和滑动窗口的大小,本书设置 $\alpha = 1.5$,$w = 3$。例如:在图 3—12 中,在 2008 年 3 月 14 日观察到报道数量明显增多,暗示有事件大量发生。经突发时间区间检测,后续的处理若集中于话题在各媒体出现的热点时间段内进行,将有效地过滤掉目标事件内容以外的无关事件,进而提高事件检测的精确度。

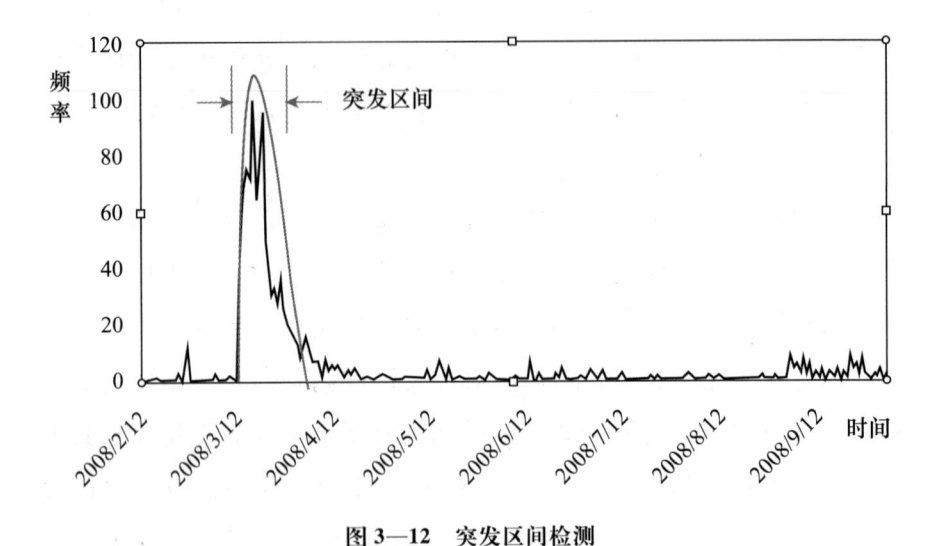

图 3—12 突发区间检测

[①] Wu X, Lu Y-J, Peng Q, Et Al, "Mining Event Structures From Web Videos" IEEE Multimedia, Vol. 18, No. 1, 2011.

（二）共同发生特征

由于网络视频中的文本信息相对于传统的文档信息量更少、噪声多，其结果可能并不理想，因此，本书用视觉近似关键帧间的相关度来弥补文本信息的不足之处。虽然重要的视觉镜头常常会被插入相关视频中用以提醒或支持观点，就像文本中的热点词汇一样它们含有大量的视频内容信息，但是由于视频经常被编辑，以及存在着错误的视觉近似关键帧检测等问题，很多内容相关的关键帧会被分到不同的类中。但是，对于数量庞大的视觉近似关键帧来说，它们之间仍然存在一些关系，而这些关系中仍然有很多信息是在进行视觉近似关键帧的相似性检测的时候还没有被利用到的，即共同发生特征，两个视觉近似关键帧间包含的共同的视频数越多，它们的相关性就越高，其计算公式如下：

$$d(NDK_i, NDK_j) = \frac{|NDK_i \cap NDK_j|}{min(|NDK_i|, |NDK_j|)} \quad (3-11)$$

其中，NDK_i 和 NDK_j 为两个视觉近似关键帧，$|NDK_i \cap NDK_j|$ 为这两个视觉近似关键帧共同包含的视频数，$min(|NDK_i|, |NDK_j|)$ 为这两个视觉近似关键帧中包含的最少的视频数。$d(NDK_i, NDK_j)$ 值越高表明 NDK_i 和 NDK_j 这两个视觉近似关键帧的相似度就越高。

如果两个视觉近似关键帧相关性非常强则可以记为 $NDK_i \rightarrow NDK_j$。由于共同发生是一种对称的测量方式，因此 $NDK_j \rightarrow NDK_i$ 也成立。此外，有些情况下，两个视觉近似关键帧间即使没有重复视频，也可能在表达同一内容或主题。例如：满足 $NDK_i \rightarrow NDK_j$ 的同时，也满足 $NDK_j \rightarrow NDK_k$，那么本书认为 NDK_i 与 NDK_k 之间也存在一定的相关性，即，$NDK_i \rightarrow NDK_k$。因此，传递闭包可以用来将内容不直接相关但是内容或主题却相关的视觉近似关键帧进行更进一步的聚类。

由于视觉近似关键帧的共同发生特征只考虑与之内容相关的视

觉近似关键帧，只能将一种场景的网络视频聚集在一起，对于场景单一的事件聚类效果往往比较好，并不会丢失很多网络视频。但是对于多种场景的事件就会丢失很多网络视频。然而，由于视觉近似关键帧的特征轨迹不受视频内容影响，可以将多种形式的场景的网络视频聚集在一起，因此，可以将视觉近似关键帧的共同发生特征和特征轨迹结合在一起进行事件挖掘。

（三）基于内容的视觉特征轨迹

一般情况下，相关的视觉近似关键帧具有相似的视觉特征轨迹，属于同一事件的视觉近似关键帧也具有相似的视觉特征轨迹。然而，由于视觉近似关键帧有不可避免的错误检测和视频编辑等问题，使得同一场景的视觉近似关键帧也可能会拥有完全不同的特征轨迹。因此，会导致本应属于同一组的视觉近似关键帧可能会被分到不同组。甚至，有一些关键帧会因找不到与之相关的视觉近似关键帧而被丢弃。这使得现实生活中的特征轨迹与理想的特征轨迹相比有着不小的差距。

然而，由于共同发生可以将内容相关的视觉特征轨迹进行进一步的聚类，所以共同发生可以增强视觉特征轨迹的鲁棒性和稳定性，从而提高网络视频事件挖掘效果。视觉特征轨迹可以被重新表达为：

$$y^p = < y^p(t_i), y^p(t_{i+1}), \ldots, y^p(t_{i+n}) > \quad (3-12)$$

其中，$y^p(t_i)$ 指第 t_i 天第 p 个经共同发生聚类得到的组的平均值，计算公式如下：

$$y^p = \frac{1}{m} \sum_{k=1}^{m} y_k^p(t_i) \quad (3-13)$$

其中，m 指第 p 个组包含的视觉近似关键帧的数目。$y_k(t_i)$ 由公式（3—2）计算得到。

为了更好地计算视觉近似特征轨迹的相似度，主要需要考虑以下三个因素：波峰时间差（PTD）、时间跨度重叠（TSO）和轨迹间的距离（TD）。特征轨迹的波峰的时间点预示着事件爆发的时间点。如果两个特征相关性比较强，那么这两个特征所代表的事件的爆发时间会相隔不远，所以它们的波峰的时间点应该较近。时间跨度的重叠度主要是为了度量特征轨迹间的共同发生程度，同一事件的视觉近似特征轨迹应该经常一起发生，即它们在时间分布上具有较高的重叠度。特征轨迹间的差距表示视觉特征轨迹间的总体差距。

特征轨迹 y^p 和 y^q 间的相似度计算公式如下：

$$S(y^p, y^q) = ptd(y^p, y^q) \times ots(y^p, y^q) \times td(y^p, y^q) \quad (3-14)$$

$$S(y^p, y^q) = \frac{1}{|P(y^p) - P(y^q)|} \times \frac{|y^p \cap y^q|}{\max(|y^p|, |y^q|)} \times td(y^p, y^q) \quad (3-15)$$

$$td(y^p, y^q) = \frac{1}{\sqrt{\sum_{k=1}^{m}(y^p(t_k) - y^q(t_k))^2}} \quad (3-16)$$

其中，$P(y^p)$ 和 $P(y^q)$ 分别代表视觉特征轨迹 y^p 和 y^q 的波峰位置，即特征轨迹达到最高点的时间位置。$|y^p|$ 指特征轨迹 $y^p > 0$ 的天数。$|y^p \cap y^q|$ 指视觉特征轨迹 y^p 和 y^q 共同发生的天数。$td(y^p, y^q)$ 由视觉特征轨迹 y^p 和 y^q 的欧氏距离计算得到。$y^p(t_k)$ 指视觉特征轨迹 y^p 在时间点 t_k 的 $dfidf$ 值。

根据上述视觉特征轨迹间的相似性差别方法，计算每一个视觉近似关键帧与事件间的相似度，具体公式如下：

$$Sim(NDK_k, E_r) = \frac{1}{s}\sum_{j=1}^{s} S(y^k, y^j) \quad (3-17)$$

其中，s 指在事件 E_r 中满足条件 $S(y^k, y^j) > 0$ 的视觉近似关键帧数。y^k 指经共同发生聚类得到的第 k 个类，经公式（3—12）计算后得到的视觉特征轨迹。

三 文本与视觉信息的融合

为了更有效地通过文本与视觉信息的融合进行事件挖掘，提出了一种概率模型，是通过利用文本与视觉信息的互补特性来有效地将两者结合在一起进行数据挖掘的。一个话题，一般由数个事件组成，每一个话题可以被表示为 $E = \{E_1, E_2, \cdots E_m\}$，而每一个事件包含多个视觉近似关键帧，每一个视觉近似关键帧包含多个网络视频，每个网络视频又由文本和视觉信息组成。一方面，每个网络视频的文本信息都是由普通用户自己编写的，由用户自己决定在描述此视频时用哪几个词，因此文本信息的分布特征并不受视觉信息的影响。另一方面，视频内容和视频的上传时间等视觉信息是客观存在的，并不受文本描述信息的影响。因此，文本信息与视觉信息是互相独立的。第 k 个视觉近似关键帧属于第 r 个事件间的概率可以表示为：

$$P(NDK_k \mid E_r) = P(NV_k, NT_k \mid E_r) \qquad (3\text{—}18)$$

其中，NV_k 和 NT_k 分别指视觉近似关键帧 NDK_k 的视觉信息和文本信息。

文本信息，对于每个视觉近似关键帧中出现的单词，通过多重对应分析和稳定邻居（neighbor steady）融合的方法计算每个视觉近似关键帧与事件间的相似度。视觉信息，通过将视觉近似关键帧间的内容相关性和它的时间分布特性的融合计算每个视觉近似关键帧与事件间的相似度。为了使计算更简单可以将公式（3—18）改写为：

$$P(NDK_k \mid E_r) = \frac{P(E_r \mid NV_k) P(E_r \mid NT_k) P(NV_k) P(NT_k)}{P(E_r)}$$

$$(3\text{—}19)$$

两边取对数后公式可以被改写为：

$$logP(NDK_k \mid E_r) = logP(E_r \mid NV_k) + logP(E_r \mid NT_k) +$$

$$logP(NV_k) + logP(NT_k) - logP(E_r) \qquad (3-20)$$

其中，$P(NV_k)$、$P(NT_k)$和$P(E_r)$分别指视觉近似关键帧NDK_k的视觉信息、文本信息和事件E_r的先验概率。$P(E_r|NV_k)$指用视觉近似关键帧NDK_k的视觉信息去判断它属于事件E_r的概率。例如：对于事件"北京奥运会火炬传递"，此事件中出现过的视觉近似关键帧的概率就会较高。

当选中实验中某一视觉近似关键帧和事件来计算它们的相似度的时候，该视觉近似关键帧的视觉信息、文本信息以及是哪一个事件都是已知的，故$P(NV_k)$、$P(NT_k)$和$P(E_r)$均是常数，可以忽略。本书只需计算$P(E_r|NV_k)$和$P(E_r|NT_k)$，其中$P(E_r|NV_k)$指由视觉近似关键帧的视觉信息得到的视觉近似关键帧与事件间的相似度，$P(E_r|NT_k)$指由视觉近似关键帧的文本信息得到的视觉近似关键帧与事件间的相似度。而$P(E_r|NV_k)$是由公式（3—16）计算得到的，$P(E_r|NT_k)$是由公式（3—8）计算得到的。最后将两者结合在一起计算每个视觉近似关键帧与事件的相似度，并把其归入与之相似度最大的事件中。

第四节 实验与分析

一 实验数据

实验采用文献［62］所使用的数据集进行实验评估，其中，实验中用到的具体数据信息如下：22个热点话题、180个事件、19972个网络视频、72883个视觉近似关键帧和76401个单词，更多详细信息如表3—4所示。其中，每个话题都由几个事件组成，以话题"四川地震"为例，它由5个事件组成："地震发生"（Earthquake Happened）、"抗震救灾"（Earthquake Relief）、"悲悼"

（Bemoan）、"灾后重建"（Post-disaster Reconstruction）和"捐款"（Donation）。

二 实验分析

实验中，本书将多种方法进行对比。为了方便表示，本书将这四种方法分别表示为：FT_T、CC_V、$T+V$和MCA。其中，FT_T指文本特征轨迹[①]。每个特征都是根据归一化的 $dfidf$ 值计算得来，然后，根据文本特征轨迹的相似度进行事件挖掘，并将与文本对应的视频归入相应的事件中。CC_V指将文献［115］中的方法应用到视觉近似关键帧领域，其主要是利用单词间强共同发生关系来挖掘单词间的关系。$T+V$指一种文本与视觉融合方法[②]。该方法，首先将特征轨迹应用到视觉领域，最后将文本的共同发生关系与视觉领域的特征轨迹相融合进行事件挖掘。MCA主要是利用文本在视觉近似关键帧中的分布特征挖掘视觉近似关键帧与事件间的关系，并建立了文本与视觉近似关键帧间的关系。

表 3—4 实验数据信息

话题编号	话题	主要区间	视频数（个）	NDK数（个）	单词数（个）	事件数（个）
1	经济危机	09/14/2008 ~ 05/11/2009	1025	7692	3946	16
2	美国总统选举	08/14/2008 ~ 11/24/2008	737	1826	3327	13

[①] He Q, Chang K, Lim E-P, "Analyzing Feature Trajectories For Event Detection" In Proceedings of the 30th Annual International Acm Sigir Conference on Research And Development In Information Retrieval, Amsterdam, the Netherlands, October 2007.

[②] Wu X, Lu Y-J, Peng Q, Et Al, "Mining Event Structures From Web Videos" IEEE Multimedia, Vol. 18, No. 1, 2011.

续表

话题编号	话题	主要区间	视频数（个）	NDK 数（个）	单词数（个）	事件数（个）
3	北京奥运会	03/11/2008 ~ 02/09/2009	1098	5467	4861	17
4	孟买恐怖袭击	11/26/2008 ~ 12/23/2008	423	1741	1569	5
5	俄罗斯格鲁吉亚战争	08/08/2008 ~ 09/28/2008	749	2823	2316	7
6	索马里海盗	09/29/2008 ~ 05/15/2009	410	1405	2178	5
7	弗吉尼亚理工大学校园枪击案	04/16/2007 ~ 05/24/2007	683	1865	1621	2
8	以色列袭击加沙	12/27/2008 ~ 02/16/2009	802	3087	3546	4
9	北京奥运火炬接力	03/22/2008 ~ 05/30/2008	652	2448	1949	12
10	三聚氰胺	09/13/2008 ~ 12/29/2008	783	1730	4670	9
11	四川地震	05/12/2008 ~ 08/02/2008	1458	5782	4806	5
12	加州野火	10/08/2006 ~ 05/22/2009	426	1631	3025	6
13	伦敦恐怖袭击	05/16/2007 ~ 05/23/2009	784	6090	4232	5
14	油价	03/01/2008 ~ 11/23/2009	759	2486	3814	5
15	缅甸气旋	05/04/2008 ~ 08/07/2008	613	2698	1624	4
16	科索沃独立	02/13/2008 ~ 03/17/2008	524	969	1593	5
17	俄罗斯总统选举	12/01/2007 ~ 05/24/2009	1335	3930	4684	6

续表

话题编号	话题	主要区间	视频数（个）	NDK数（个）	单词数（个）	事件数（个）
18	伊朗核计划	10/01/2006 ~ 05/25/2009	1056	4561	3969	5
19	以色列和巴勒斯坦的和平	07/19/2006 ~ 05/27/2009	586	3184	2275	9
20	韩国核	02/01/2009 ~ 05/29/2009	1060	2401	3971	13
21	猪流感	04/24/2009 ~ 05/30/2009	1153	3684	5667	19
22	迈克尔·杰克逊死亡	06/25/2009 ~ 07/25/2009	2850	5383	6758	8
总数			19972	72883	76401	180

表 3—5　　实验结果对比（每个话题中最好的查准率、查全率和 *F1* 值均已加粗）

话题编号	*FT_T*[①] P	R	F1	*CC_V*[②] P	R	F1	*T+V*[③] P	R	F1	*MCA* P	R	F1	*Our Method* P	R	F1
1	0.24	0.17	0.20	**0.62**	0.05	0.08	0.59	0.16	0.26	0.32	**0.38**	0.34	0.53	0.37	**0.44**
2	0.26	0.39	0.32	**0.90**	0.15	0.20	0.57	0.35	0.44	0.11	**0.72**	0.18	0.38	0.68	**0.49**
3	0.54	0.11	0.19	**0.88**	0.03	0.05	0.64	0.18	0.28	0.27	0.28	0.28	0.54	**0.53**	**0.53**
4	0.31	0.14	0.20	**0.88**	0.12	0.15	0.49	0.19	0.28	0.12	0.24	0.14	0.34	**0.59**	**0.43**
5	0.58	0.11	0.19	**0.91**	0.04	0.06	0.72	0.15	0.25	0.37	0.17	0.24	0.60	**0.77**	**0.67**

---

① He Q, Chang K, Lim E-P, "Analyzing Feature Trajectories For Event Detection" In Proceedings of the 30th Annual International Acm Sigir Conference on Research And Development In Information Retrieval, Amsterdam, the Netherlands, October 2007.

② Yao J, Cui B, Huang Y, Et Al, "Bursty Event Detection From Collaborative Tags" World Wide Web, Vol. 15, No. 2, 2012.

③ Wu X, Lu Y-J, Peng Q, Et Al, "Mining Event Structures From Web Videos" IEEE Multimedia, Vol. 18, No. 1, 2011.

续表

话题编号	FT_T[①] P	R	F1	CC_V[②] P	R	F1	T+V[③] P	R	F1	MCA P	R	F1	Our Method P	R	F1
6	0.49	0.21	0.30	**0.87**	0.05	0.07	0.48	0.25	0.33	0.28	0.25	0.27	0.40	**0.66**	**0.50**
7	0.76	0.05	0.10	**0.99**	0.02	0.03	0.73	0.33	0.46	0.36	0.40	0.38	0.70	**0.59**	**0.65**
8	0.45	0.12	0.20	**0.95**	0.02	0.03	0.54	0.16	0.25	0.21	0.24	0.23	0.34	**0.83**	**0.49**
9	0.52	**0.41**	**0.46**	**0.94**	0.09	0.12	0.52	0.20	0.29	0.10	0.14	0.12	0.54	0.30	0.39
10	0.18	0.21	0.20	**0.70**	0.17	0.28	0.42	0.28	**0.34**	0.24	0.48	0.32	0.32	**0.52**	**0.40**
11	0.52	0.05	0.10	**0.91**	0.04	0.05	0.76	0.47	0.58	0.55	0.37	0.44	0.75	**0.50**	**0.60**
12	0.46	0.12	0.19	**0.95**	0.05	0.07	0.68	0.18	0.29	0.23	0.24	0.24	0.75	**0.31**	**0.44**
13	0.04	0.19	0.07	**0.68**	0.33	0.28	0.49	0.25	0.33	0.30	0.48	0.37	0.36	**0.52**	**0.43**
14	0.22	0.10	0.14	**0.80**	0.08	0.10	0.58	0.13	0.22	0.04	0.20	0.07	0.62	**0.52**	**0.56**
15	0.39	0.05	0.09	**0.85**	0.05	0.05	0.68	0.34	0.46	0.22	0.27	0.25	0.66	**0.42**	**0.52**
16	0.66	0.07	0.13	**0.99**	0.02	0.03	0.78	0.09	0.17	0.37	0.15	0.22	0.92	**0.36**	**0.52**
17	0.27	0.14	0.16	**0.92**	0.02	0.03	0.61	0.14	0.23	0.04	0.13	0.07	0.68	**0.58**	**0.63**
18	0.60	0.07	0.13	**0.98**	0.02	0.03	0.83	0.10	0.18	0.13	0.17	0.15	0.82	**0.38**	**0.52**
19	0.35	0.17	0.24	**0.92**	0.04	0.07	0.51	0.16	0.25	0.20	**0.83**	0.32	0.55	0.31	**0.39**
20	0.34	0.16	0.22	**0.89**	0.07	0.09	0.46	0.24	0.32	0.24	0.52	0.32	0.47	**0.59**	**0.53**
21	0.15	0.26	0.19	**0.91**	0.06	0.10	0.25	0.22	0.24	0.15	**0.38**	0.21	0.45	0.30	**0.36**
22	0.64	0.08	0.15	**0.83**	0.01	0.02	0.83	0.11	0.20	0.86	0.20	0.32	0.80	**0.29**	**0.42**
平均值	0.41	0.16	0.19	**0.88**	0.07	0.09	0.59	0.21	0.30	0.26	0.33	0.25	0.57	**0.50**	**0.50**

---

① He Q, Chang K, Lim E-P, "Analyzing Feature Trajectories For Event Detection" In Proceedings of the 30th Annual International Acm Sigir Conference on Research And Development In Information Retrieval, Amsterdam, the Netherlands, October 2007.

② Yao J, Cui B, Huang Y, Et Al, "Bursty Event Detection From Collaborative Tags" World Wide Web, Vol. 15, No. 2, 2012.

③ Wu X, Lu Y-J, Peng Q, Et Al, "Mining Event Structures From Web Videos" IEEE Multimedia, Vol. 18, No. 1, 2011.

实验结果对比情况如表 3—5 所示（表中 P 与 R 分别表示查准率和查全率），由实验结果很容易可以看出，新提出方法的 $F1$ 结果明显优于基准方法，并得到了 17%～38% 的提高，这已经是比较明显的提高。FT_T 的效果并不理想，$F1$ 值只有 0.19，且与传统文档领域相比网络视频的文本信息少，但其噪声却很多。因此，在网络视频领域并不适合只用视频的文本信息进行数据挖掘。

CC_V 虽然查准率很高，但是查全率很低。查准率高是因为视觉信息相对于文本信息来说噪声更少。因为视频关键帧的相似性检测只能检测到内容相关的视频，所以，视觉近似关键帧只代表一种场景的视频，如果视觉近似关键帧属于同一事件却用不同场景或表现形式来表示，那么这种情况下视觉近似关键帧间很难找到它们之间的关系。因此，在此方法的查准率平均值达到 88% 的情况下，其查全率却只有 7%，其效果并不好。

然而，文本信息代表的是语义信息。文本信息中的每个语义信息在视觉信息中通常由几个场景组成，如果只是利用视频间的内容相关性进行事件挖掘的话，则只能挖掘到某一场景中的视频，而丢失掉其他场景中的视频。

方法 $T+V$ 尝试通过视觉近似关键帧的特征轨迹和文本的共同发生特征的融合进行事件挖掘，其效果比前面两种方法的效果都有所提高，但是结果仍然不够理想，$F1$ 的平均值只有 0.3。一方面，视觉特征轨迹仍然不够稳定，因此，文献 [62] 尝试用文本信息的共同发生来弥补视觉信息的缺陷。然而，此方法仍然丢失了很多有效信息。另一方面，该方法还丢失了频率较低的单词和视觉近似关键帧，毕竟它们也包含了大量的视频，所以该方法的效果仍然不够好。

MCA 可以通过视觉近似关键帧中单词的分布特性挖掘单词与事件之间的关系。然而，由于低频的单词也被当作有效信息，不可能避免地会引入不少噪声。如图 3—13 所示，*MCA* 所在列方框所包含关键帧，某些用户为了吸引眼球用"开幕式"来标注关键帧所代表的视频，在 *MCA* 方法下会将这些视频与真正描述"开幕式"这一主题的视频归为相关视频。甚至，多语言、同义词和视觉近似关键帧包含的视频数都可能影响视觉近似关键帧的相关性测量。因此，只利用多重对应分析进行事件挖掘的话，查准率并不高。

由表 3—5 可以发现，本书新提出的方法取得了比其他方法更好的效果，并有 20%~41% 的提高，最好的效果甚至提高 67%，结果是非常令人鼓舞的。其中，为了增加多重对应分析的准确性，本书利用视觉信息挖掘文本信息间的关系，以此来增强文本信息的鲁棒性，并更好地挖掘视觉近似关键帧与事件间的关系。可以说，文本分布信息与视觉的时间信息的有效结合进一步提高了事件挖掘效果。

由图 3—13 可以发现，本书新提出的方法可以更准确全面地挖掘事件。*CC_V* 只能挖掘到事件"开幕式"中的某一场景中关于"开幕式表演"（Performance of Opening Ceremony）的视频（矩形虚线框内所示），却不能挖掘到另一场景"开幕式主题曲"（Theme Song of Opening Ceremony）但同属于事件"开幕式"的视频。该方法同样会丢失一些没有重复出现的视频。*FT_V* 能挖掘到属于同一事件的不同场景的网络视频 ["开幕式主题曲"（Theme Song of Opening Ceremony）和"开幕式表演"（Performance of Opening Ceremony）]，实验表明视觉特征轨迹可以解决不同场景下网络视频事件挖掘的问题。然而，视觉近似关键帧的错误检测问题使得视频间关键帧的相似性检测准确性不够高，例如：视频修改或编辑等原因可能会使得一个视觉近似关键帧被分成多个视觉近似关键帧，而视觉特征轨迹的这一不稳定特性也可能将本属于其他事件的视觉近似关键帧归入到其他类中去，例如：图 3—13 中 FT-V 所在列方框内替换的视觉近似关键帧就因为它的视觉特征轨迹出现错误而归入这一事件中来。

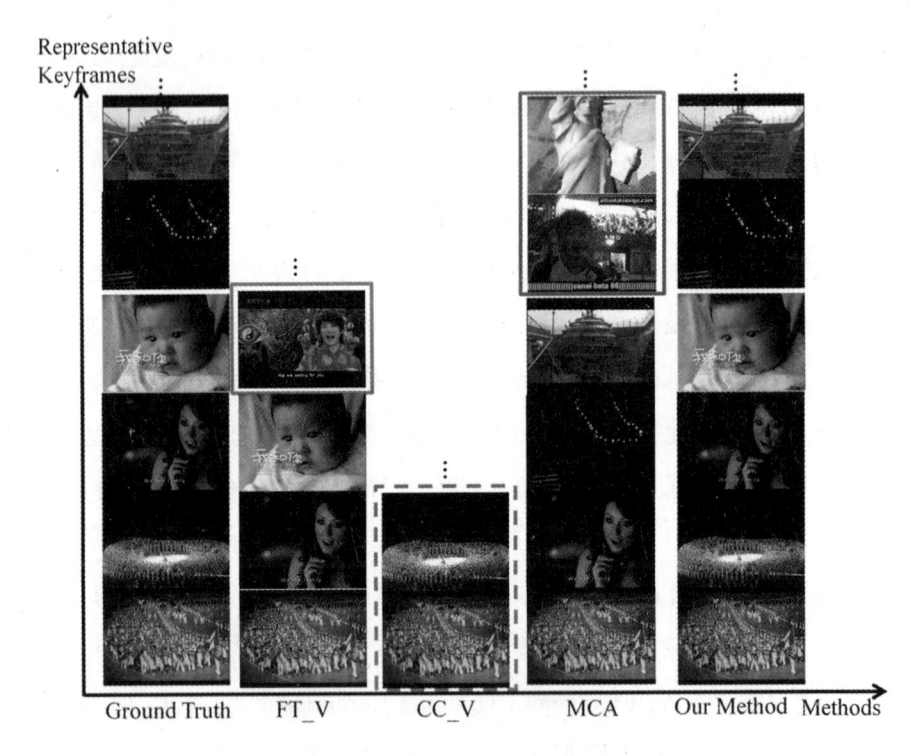

图3—13 不同方法的实验结果对比分析

由实验可知，具有代表性的镜头常常伴随着重要的事件，所以视觉信息对于网络视频的事件挖掘具有重要作用。相反，文本信息通常具有语义广泛、语义模糊和噪声多等特点。如果能够将文本和视觉信息合理地融合在一起进行事件挖掘不仅将会起到不错的效果，而且有效利用了包含大量网络视频的低频的单词和视觉近似关键帧。

第五节 本章小结

  为了解决网络视频中文本信息噪声多、易受个人喜好或文化背景影响等问题，对每个单词的重要性进行评估，并选择较有意义的词来挖掘这些词之间的语义关系。一方面，利用视觉近似关键帧间的内容相关性来挖掘文本之间的相关性，并利用它们之间的相关性挖掘视觉近似关键帧与事件间的相关性；另一方面，多重对应分析通过分析文本信息的分布特征挖掘视觉近似关键帧与事件间的相关性。由于每种方案都有各自的缺陷，比如：视觉近似关键帧间的内容相关性只能找到有重复内容的视频或出现频率比较高的关键帧，会丢失部分出现频率较低的关键帧和只出现一次的关键帧。与此同时，多重对应分析可以找到更多语义相关的视觉近似关键帧。但是，文本信息描述的是视频间的语义相关性，不受视频内容重复度的影响，可以将视觉内容丢失的更多信息包括进来。

  为了解决文本信息中存在的噪声多和信息量少等问题，引入视频的视觉特征。一方面，利用视频间的内容相关性即共同发生，来增强相关视频间的相关度；另一方面，利用视觉近似关键帧的时间分布特征来弥补共同发生只能挖掘单一视觉内容的问题，来丰富事件挖掘中视频内容的多样性。

  最后，通过概率模型自然地将文本与视觉信息结合在一起进行事件挖掘，不仅可以达到两者优点和缺点的互补的效果，还可以通过两者的结合使得当一方特征不稳定时，依然可以通过稳定的特征挖掘到相关的视频。

  但是，文本信息的多语言、多语义、同义词以及一词多义等问题，虽然在数量上表现为较少的文本信息，但是仍然呈现出噪声多以及特征不稳定等现象。因此，在后续研究工作中，本书将致力于通过挖掘文本信息间的语义关系，并充分利用文本信息间的语义关系对嘈杂的文本信息进行聚类，以此来增强文本信息的鲁棒性。另外，为了解决视频编辑对视觉近似关键帧相似性检测的影响，本书将探索通过捕捉视频中的运动信息，以减少视频编辑对视频内容相似性的干扰，从而进一步提高视觉信息的准确性。

第四章

基于动态关联规则与视觉近似片段的网络视频事件挖掘研究

由于网络视频是由普通用户上传，很多视频被编辑过是不可避免的，另外，对于新闻视频的台标和视频中的文字，SIFT 特征的特性使得对关键帧的相似性检测影响较大。因此，通过提取视频中的运动目标，进行视频片段间的运动目标的检测可以减少静止的文字等信息的影响。同时，通过动态关联规则挖掘，可以减少文本信息噪声的影响，并提高文本特征的稳定性。

第一节 基于动态关联规则的事件挖掘

目前，由于网络视频的多样性以及相对较模糊的视频图像质量和视频后期编辑处理，使得仅用视觉信息进行事件挖掘更加困难。因此，最近多是通过视觉和文本信息融合的方式进行事件挖掘。然而，有限的标题和标签等文本信息却通常使用笼统、概括、模糊的单词来大致地概括视频的主要内容，其中包含较多噪音，不准确，甚至是误导或者错误的标签。这些标题和标签通常较短，寥寥数词无法囊括视频中丰富的内容，这给线索网络视频带来了新的挑战。

鉴于现有技术的以上缺点，为了克服文本信息的缺点和不足，更好地进行文本和视觉信息的融合，提出了基于动态关联规则的事件挖掘的方法。本方法的目的是提出一种基于动态关联规则的网络视频事件挖掘框架，使之克服现有技术的以上缺点，准确地找到文本和视觉信息间的关系。本方法充分利用了文本信息间的语义相关性，以及文本信息和视觉信息间的关系，减少文本信息中的噪声对视觉近似关键帧与事件间关系的影响，增强视觉近似关键帧与对应事件间的相关性，使其更好地适应于噪声多且信息量少的网络视频的事件挖掘。

基于动态关联规则的网络视频事件挖掘框架通过动态关联规则挖掘文本信息间的语义关系，统计文本信息在视觉相关信息中的分布特征，建立起文本与视觉信息间的桥梁，最终通过文本和视频信息的融合，进行网络视频分类。本方法包括三个阶段，即数据预处理、动态关联规则挖掘和网络视频分类。

第 1 步，数据预处理。对于视频信息，首先是提取视觉近似关键帧。提取视频的关键帧后，为了更准确地检测视频间的内容相关性，需要对视频间的关键帧做基于内容的相似性检测。首先，采用 SIFT 特征中的哈里斯－拉普拉斯（Harris-Laplace）方法进行局部特征点提取。其次，通过公用工具进行关键帧的相似性检测，得到"相似关键帧集"。最后，利用"相似关键帧集"间的相关性信息，通过传递闭包进一步聚类，形成"视觉近似关键帧"。由于"视觉近似关键帧"具有识别相似事件的独特特性，因此，本发明中所有"视觉近似关键帧"都被认为是有效信息。文本信息：从视频的标题和标签中提取的单词作为文本信息。由于用户提供的文本信息比较嘈杂，首先应该去除无效的特殊字符（如 #,？，-），然后，通过词干提取对文本信息进行净化，并进行中文分词等处理。

第 2 步，动态关联规则。为了从嘈杂的文字信息中挖掘更好的关联模式，减少噪声、同义词、多义词和多语言等对事件分类的影响，提出了一种动态关联规则挖掘方法。针对现有的关联规则方法提出了一种针对不同长度的项目提供不同支持度的方法进行关联规则挖掘的方法。建立文本和视觉信息间的对应关系矩阵（如表4—2所示），即通过动态关联规则挖掘文本信息间的语义关系，统计更稳定的语义信息在视觉近似关键帧中的分布特征，从而建立起文本与视觉信息间的桥梁。

第3步，网络视频分类。首先，计算通过第2步得到的文本信息 G_i 在每个"相似关键帧集"（预处理阶段得到）中的 $TFIDF$ 值，从而建立起文本信息与视觉信息的一种分布关系。其次，将此作为分类器的输入数据，通过分类器计算所有视觉近似关键帧与每个类的相似度，并将视觉近似关键帧所包含的视频归入与它相似度最高的类中。最后，以 $F1$ 值作为评判标准，不断调整支持度大小，并最终找到最合适的项目的长度和支持度。其中选择比较流行的支持向量机（SVM）作为分类器进行分类。

采用本方法中基于动态关联规则的网络视频事件挖掘框架，在基于关联规则的网络视频事件挖掘框架中引入动态关联规则，比标准的关联规则更能灵活地适应不同的环境；同时增加文本与视觉间关系的鲁棒性，即使用户提供多语言、同义词和多语义的情况也可以准确地找到其对应的视觉信息，充分利用了文本信息间的语义关系，减少了网络视频由于文本信息嘈杂、信息量少和噪声多等特点对视觉信息产生的影响。从而建立起文本和视觉信息间的更加稳固的桥梁，使其更好地适应于充满噪声的网络视频事件挖掘。

一 动态关联规则

由于每个人的用词习惯不同，描述同一事件时不同的人会用不同的词语甚至不同的语言。另外，单词集相对于一个单词往往会表现出更加稳定和准确的特性，因此针对网络视频噪声多和不稳定这两个特点，通过在视觉近似关键帧领域利用动态关联规则挖掘更多语义相关的单词集而过滤掉与该单词集没有任何语义关系的词这一方式，达到提高文本信息鲁棒性的目的。虽然，动态关联规则在其他领域已经得到了广泛应用，但是在视觉近似关键帧领域却鲜有研究。

针对网络视频文本信息所具有的信息量少和噪声多等特点，利用关键词间的语义信息，通过动态调整关联规则中的支持度，减少由于噪声、同义词、多义词和多语言等问题对文本和视觉信息间关系的影响，增强文本信息的鲁棒性，使其建立起视觉近似关键帧和高层语义之间的一座桥梁。充分利用文本信息间的语义相关性，以及文本信息和视觉信息间的关系，来减少文本信息中的噪声对视觉近似关键帧与事件间关系的影响，增强视觉近似关键帧与对应事件间的相关性，使其更好地适应于噪声多且信息量少的网络视频的事件挖掘。

目前，由于网络视频的多样性，以及相对较模糊的视频图像质量以及视频后期编辑处理，使得仅仅使用视觉信息进行事件挖掘更加困难。因此，最近多通过视觉和文本信息融合的方式进行事件挖掘。然而，有限的标题和标签等文本信息却通常使用笼统、概括、模糊的单词来大致地概括视频的主要内容，其中包含较多噪音，不准确，甚至是误导或者错误的标签。这些标题和标签通常较短，寥寥数词无法囊括视频中丰富的内容，这给线索网络视频带来了新的挑战。

为了克服文本信息的缺点和不足，能够更好地进行文本和视觉信息的融合。提出了基于动态关联规则的网络视频事件挖掘方法，使其更准确地找到文本和视觉信息间的关系。

基于动态关联规则的网络视频事件挖掘方法是通过动态关联规则挖掘文本信息间的语义关系，统计文本信息在视觉相关信息中的分布特征，建立起文本与视觉信息间的桥梁，最终通过文本和视频信息的融合进行网络视频分类。

为了在充满噪声的文本信息中更好地挖掘单词间的关系，首先，针对不同长度的项目集，根据分类后的 $F1\text{-}score$ 值动态调整支持度的大小。然后，传递闭包算法对同一长度的项目集进一步聚类。在分类阶段，每一个视觉近似关键帧被分到与其相似度最大的类中。

网络视频挖掘方法如图 4—1 所示，主要由三部分组成：数据预处理、动态关联规则挖掘和网络视频分类。通过引入动态的关联规则，降低了支持度的选择对噪声、同义词和多语言等问题给特征分布带来的影响，提供了一种鲁棒性更强的语义关联规则，从而提供了稳定的文本和视觉信息间的分布关系，提高了事件挖掘的效果。

此种基于动态关联规则的网络视频事件挖掘方法，即在文本语义关系中引入动态关联规则，将存在语义关系的单词更多地聚合在一起减少噪声对其分布造成的影响，提高事件挖掘本身的抗噪能力，有效地阻止个人表达习惯等问题对事件挖掘的影响。一方面，如果只提取单个单词的特征，难以进行单词间的聚类，例如："死亡"（dead）和"死亡"（death）这两个单词的特征分布会不同，甚至会与视觉特征的分布产生较大的差异，从而导致内容相关的视频被错误地分到不同的类。另一方面，如果按照标准的关联规则方法求单词间的语义关系，由于不同单词间的语义相关度不同，支持度过高会丢失很多有效信息，而支持度过低又会引入过多噪声，难以把握。还有，由于语义信息的使用，使得文本信息中的噪声很容易扩散到视觉信息，甚至起到误导的作用，

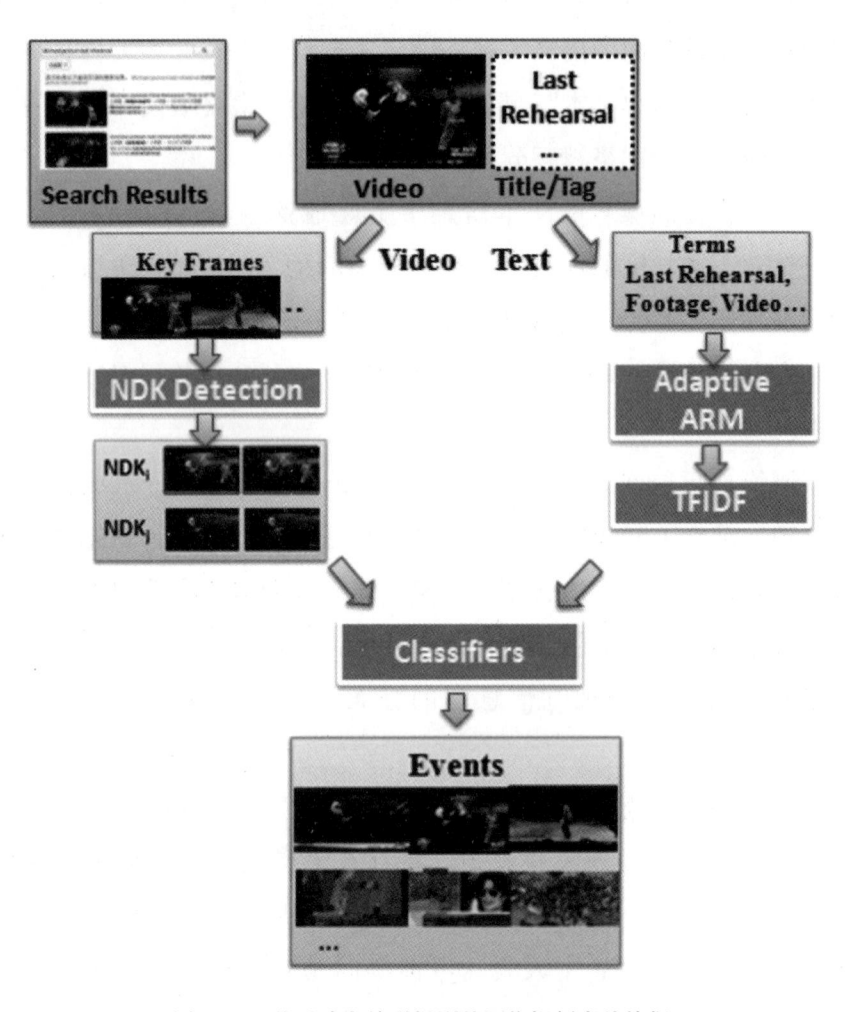

图 4—1　基于动态关联规则的网络视频事件挖掘

从而降低事件挖掘的效果。例如：对于单词"死亡"（dead）和"死亡"（death）是同义词，由于不同的用户表达习惯不同，故同一视频内容可能会用不同的词来表达，一部分人用"死亡"（dead）来表达某事件中主人公的死亡，而另一部分人则用"死亡"（death）来描述。由于这两个单词都与主人公的名字或地点有关，从而它们间有很强的语义关系。另外，语义相关的单词越多，最小支持度就会越小，如果能够根据事件分类效果动态调整每一类语义相关的单词间的最小支持度，不仅将尽量多的相关单词聚集在一起增加了语义信息的鲁棒性，同时将相关性较弱的单词作为噪声去除，达到了阻止文本噪声传播和稳定文本信息在视觉近似关键帧中的分布特征的目的。

支持度是对关联规则重要性的一个衡量。支持度说明了该规则在所有事务中具有多大的代表性或重要性，如果支持度越大，那么关联规则越重要。假设 T 是一系列单词 $T = <T_1, T_2, T_3, \cdots, T_n>$ 本书用传统动态关联规则挖掘不同长度的项目集如表4—1所示。对于任意两个单词 T_i 和 T_j，它们共同出现的视频数越多，则说明它们的相关性越强。另外，由于每个单词出现的频率不同，如果单用单词的频率作为支持度的话会丢失很多信息，故本书用如下公式作为单词 T_i 和 T_j 的支持度：

$$Support(T_i, T_j) = \frac{|T_i \cap T_j|}{Min(|T_i|, |T_j|)} \qquad (4—1)$$

其中，$|T_i \cap T_j|$ 指单词 T_i 和 T_j 共同包含的视频数，$Min(|T_i|, |T_j|)$ 指单词 T_i 或 T_j 中包含的最少的视频数。

由于每个单词出现的频率不同，即使在相同关联规则的条件下，不同的支持度对语义关系的挖掘也会产生不同的影响，对于不同长度项目的影响会更大，因此，对支持度设定统一的阈值并不合适。为了在不同长度的项目集中均可以找到最佳的支持度分析方式应该是这样的。首先，支持度被分成如图4—2所示的10段 (0.1 - 1.0)，其中横轴表示支持度，纵轴表示 $F1\text{-}score$ 的值。其次，支持度的值由小到大排序，分别根据不同的支持度将数据输入分类器中进行分类。最后，得到 $F1\text{-}score$ 值最高的支持度作为此长度下的支持度。如图4—2所示，如果当支持度为0.9时 $F1\text{-}score$ 值最高，那么0.9则视为此长度项目集下的最佳支持度。

▶ 跨媒体网络事件检测与跟踪研究

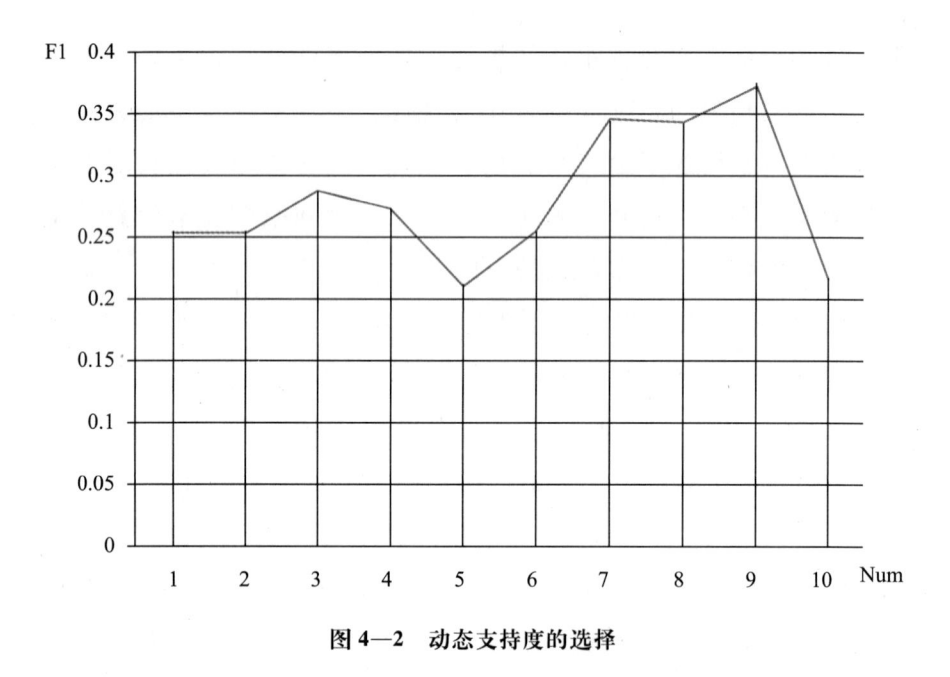

图 4—2　动态支持度的选择

表 4—1　　　　　动态关联规则挖掘中的频繁项目集

1 - Items	2 - Items	…	N - Items
T_1	T_1, T_2	…	T_1, T_2, T_3
T_2	T_2, T_3	…	T_5, T_6, T_7
T_3	T_5, T_6	…	T_{11}, T_{12}, T_{13}
…	…	…	…

在得到最佳支持度和项目集长度后，同一长度的项目集之间也可能存在较大的相关性，例如：项目集 G_i 和 G_j 包含有较多的共同单词，那么它们之间具有较强的相关性，可以表示为 $G_i \rightarrow G_j$ 或 $G_j \rightarrow G_i$。然而，如果两个频繁项目集中没有共同单词，它们也可能是相关的。比如：如果有 $G_i \rightarrow G_j$ 和 $G_j \rightarrow G_k$，那么也可能有 $G_i \rightarrow G_k$，因此本书用传递闭包算法将得到的频繁项目集进一步聚类得到新的项目集 G'。

表 4—2　　　　　　　　单词聚类后的训练数据集

	G_1	...	G_N	Event
NDK_1	NT_1^1	...	NT_1^N	0
NDK_2	NT_2^1	...	NT_2^N	1
...	...	...	...	...

二　分类

首先，利用项目集 G' 和视觉近似关键帧 NDK_j 的对应关系建立它们之间的关系表 NT 如表 4—2 所示。表 NT 中的每个元素 NT_j^i 定义如公式（4—2）所示：

$$NT_j^i = \frac{F(i, j)}{\sum N(j)} \times log \frac{N}{D(G_i')} \qquad (4—2)$$

其中，$F(i, j)$ 指项目集 G_i' 中的单词在视觉近似关键帧 NDK_j 中出现的次数。$\sum N(j)$ 指所有的项目集在视觉近似关键帧 NDK_j 中出现的次数。$D(G_i')$ 指包含项目集 G_i' 的视觉近似关键帧数，N 指视觉近似关键帧总数。

其次，数据集被分成训练集和测试集两部分，为了公平起见，避免数据的选择对结果造成影响，每一个类中的数据集任意选择一半作为训练集，另一半作为测试集。

最后，为了证明本书提出的新的动态关联规则挖掘方法的有效性，本书选择了最流行的三种分类器分别进行分类（维卡提供的分类器）：K 近邻（K-Nearest Neighbor）（其中，$K = 3$），朴素贝叶斯（Native Bayes）和支持向量机（Support Vector Machine）。

第二节　实验对比与分析

一　实验数据

本书随机选择了文献［62］所用数据中的 14 个话题进行实验，

包括10716个视频，35555个视觉近似关键帧和41814个单词，数据的详细信息如表4—3所示。其中，每个话题至少包含5个事件，例如：话题"俄罗斯总统选举"包含6个事件：

"选举相关新闻"（Election Related News）、"普京和梅德韦杰夫新闻"（Putin and Medvedev News）、"选举日"（Election Day）、"选举后的评论"（Comment After Election）、"梅德韦杰夫宣誓就职"（Medvedev Sworn in News）和"梅德韦杰夫总统的视频"（Medvedev president video）。

二 实验分析

首先，为了更好地评价本书的工作，本书将其他方法和动态关联规则挖掘方法同时在三个分类器中进行训练和测试，其中，为了公平起见，维卡中设置的参数本书均未改动，且几种方法均采用相同的参数。

其次，表4—4，表4—5，表4—6分别给出了本书新提出的方法与文献［115］中的方法和原始 $TFIDF$ 的实验结果对比情况，其中每个话题中最好的查准率、查全率和 $F1-score$ 均被加粗。

由以上三个表格中可以发现，本书新提出的动态关联规则挖掘方法较其他两种方法的 $F1-score$ 的平均值均有不同程度的提高。单个单词 $TFIDF$ 的方法的查全率比较高，而在寻找最佳项目集时丢失部分有效单词是不可避免的问题。表4—5中本书新提出的方法的 $F1-score$ 的最大值达到了54%非常令人鼓舞。

最后，将新提出的动态关联规则挖掘方法与两个基准方法做了相应的对比，最后的实验结果对比情况如图4—3所示，其中，横轴表示话题，纵轴表示 $F1-score$ 值。由于查准率和查全率之间存在矛盾关系，而 $F1-score$ 同时考虑了两者的关系，所以 $F1-score$ 更具有公平性。文献［65］的文本特征轨迹的方法效果较差，表明只利用文本信息进行网络视频的数据挖掘效果并不理想。虽然文献［62］的方法比文献［65］的方法有所提高，但是效果仍然不够好，因为它丢失了太多频率较低的单词和视觉近似关键帧，同时视觉特征轨迹的鲁棒性还不够强，虽然文献［62］曾试图利用文本信息的频繁项目集来提高视觉特征轨迹的鲁棒性。但是，由于文本信息的频繁项目集本身就会丢失部分信息，所以效果仍不够好。由图4—3可以清晰地发现，本书新提出的动态关联规则挖掘方法比其他方法均有了较大幅度的提高。在相似的时间和空间复杂度下，最高结果甚至达到了67%。这表明重要的事件常常伴随着重要的热点词汇，因此，语义相关的热点词汇对网络视频的事件挖掘具有重要意义。虽然在数据预处理阶段和训练阶段会消耗大量时间，但是大大降低了空间复杂度。相比于传统的动态关联规则挖掘方法[1][2][3]，一方面，本书用 $F1-score$ 来评估本书的实验结果，避免了由于查准率和查全率的矛盾而不能公平评价实验结果的问题。另一方面，本书的支持度考虑到了网络视频的文本信息的特点，把低频和高频的单词均作为有效信息考虑进来。

---

[1] Lin L, Shyu M-L, Chen S-C, "Association Rule Mining With A Correlation-Based Interestingness Measure For Video Semantic Concept Detection" International Journal of Information And Decision Sciences, Vol. 4, No. 2-3, 2012.

[2] Parry M L, Legg P A, Chung D H, Et Al, "Hierarchical Event Selection For Video Storyboards With A Case Study on Snooker Video Visualization" IEEE Transactions on Visualization And Computer Graphics, Vol. 17, No. 12, 2011.

[3] Nguyen L T T, Bay V, Tzung-Pei H, Et Al, "Classification Based on Association Rules: A Lattice-Based Approach" Expert Systems With Applications, Vol. 39, No. 13, 2012.

表 4—3　　　　　　　　　　　　数据集

话题编号	话题	视频数（个）	NDK 数（个）	单词数（个）	事件数（个）
1	北京奥运会	1,098	4,593	4,861	17
2	孟买恐怖袭击	423	1,741	1,569	5
3	俄罗斯格鲁吉亚战争	749	2,823	2,316	7
4	索马里海盗	410	1,405	2,178	5
5	弗吉尼亚理工大学校园枪击案	683	1,865	1,621	2
6	以色列袭击加沙	802	3,087	3,546	4
7	北京奥运火炬接力	652	2,448	1,949	12
8	四川地震	1,458	4,963	4,806	6
9	加州野火	426	1,631	3,025	6
10	伦敦恐怖袭击	784	2,183	4,228	5
11	油价	759	2,486	3,814	5
12	缅甸气旋	613	2,698	1,624	4
13	科索沃独立	524	969	1,593	5
14	俄罗斯总结选举	1,335	3,930	4,684	6
总数		10,716	35,555	41,814	89

表 4—4　实验结果对比 - KNN（表中 P 与 R 表示查准率和查全率）

话题编号	TFIDF（KNN） P	R	F1	CC（KNN）[①] P	R	F1	Association Rule（KNN） P	R	F1
1	0.41	**0.44**	0.42	0.48	0.39	0.43	**0.65**	0.37	**0.47**
2	0.31	**0.52**	0.39	0.34	0.50	0.41	**0.42**	0.50	**0.46**
3	0.55	0.24	0.34	**0.64**	0.25	0.36	0.55	**0.38**	**0.45**
4	0.32	0.54	0.40	**0.41**	**0.60**	**0.49**	0.40	0.58	0.48
5	0.69	0.80	0.74	**0.71**	**0.79**	**0.75**	**0.71**	0.78	0.74
6	0.40	0.72	0.52	0.44	0.61	0.51	**0.48**	**0.62**	**0.54**
7	0.34	**0.53**	0.42	0.48	0.51	**0.49**	**0.57**	0.25	0.35

---

① Yao J, Cui B, Huang Y, Et Al,"Bursty Event Detection From Collaborative Tags" World Wide Web, Vol. 15, No. 2, 2012.

续表

话题编号	TFIDF (KNN) P	R	F1	CC (KNN)[①] P	R	F1	Association Rule (KNN) P	R	F1
8	0.55	**0.40**	0.47	0.46	0.35	0.40	**0.64**	0.39	**0.49**
9	0.49	0.45	0.47	0.67	0.31	0.42	**0.56**	**0.71**	**0.63**
10	0.21	**0.75**	0.33	**0.33**	0.67	0.45	0.32	0.67	**0.43**
11	0.23	**0.78**	0.35	0.45	0.46	0.46	**0.62**	0.55	**0.58**
12	0.33	**0.62**	0.43	0.39	0.57	0.46	0.39	**0.59**	**0.47**
13	**0.84**	0.50	**0.62**	0.75	0.38	0.50	0.80	0.48	0.60
14	0.30	0.50	0.38	0.32	**0.53**	0.40	**0.83**	0.33	**0.47**
平均值	0.43	**0.56**	0.45	0.49	0.49	0.47	**0.57**	0.51	**0.51**

表4—5　　实验结果对比 – SVM

话题编号	TFIDF (SVM) P	R	F1	CC (SVM)[②] P	R	F1	Association Rule (SVM) P	R	F1
1	0.53	**0.44**	**0.48**	0.62	0.38	0.47	**0.68**	0.36	0.47
2	0.31	0.46	0.37	0.42	0.49	0.45	**0.44**	**0.63**	**0.52**
3	0.49	0.17	0.25	**0.68**	0.30	0.41	0.60	**0.35**	**0.44**
4	0.34	**0.59**	0.43	0.40	0.55	0.46	**0.46**	**0.59**	**0.52**
5	0.69	**0.80**	0.74	**0.71**	**0.79**	**0.75**	0.65	0.61	0.63
6	0.49	**0.67**	0.56	0.47	0.64	0.54	**0.54**	0.62	**0.58**
7	0.47	0.48	0.47	0.59	**0.53**	**0.56**	0.65	0.42	0.51
8	0.51	0.30	0.38	**0.69**	**0.49**	**0.58**	0.46	0.27	0.34
9	0.50	**0.55**	0.53	0.70	0.32	0.44	**0.88**	0.52	**0.65**
10	0.22	0.68	0.33	**0.34**	**0.74**	**0.46**	0.32	0.69	0.43
11	0.30	0.63	0.41	0.56	0.59	0.57	**0.63**	**0.71**	**0.67**
12	0.31	0.60	0.41	0.40	**0.66**	0.50	**0.47**	0.61	**0.53**
13	0.83	0.49	0.61	0.82	0.42	0.55	**0.90**	**0.51**	**0.65**
14	0.34	0.63	0.44	0.43	0.50	0.46	**0.48**	**0.64**	**0.55**
平均值	0.45	**0.53**	0.46	0.56	**0.53**	0.51	**0.58**	**0.53**	**0.54**

---

① Yao J, Cui B, Huang Y, Et Al, "Bursty Event Detection From Collaborative Tags" World Wide Web, Vol. 15, No. 2, 2012.

② Ibid.

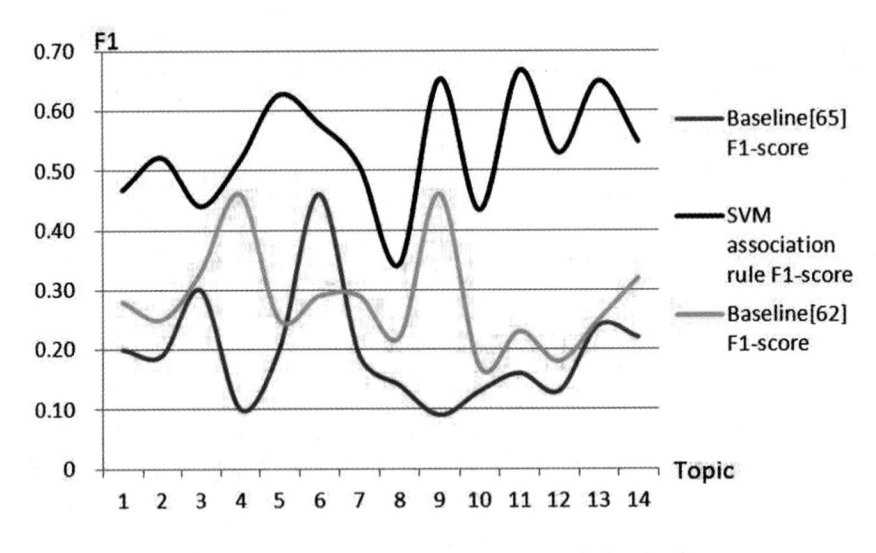

图4—3 与其他基准方法的 $F1-score$ 实验结果对比

新提出的针对网络视频的动态关联规则挖掘方法有效地解决了网络视频中有效信息少,但是噪声多导致的文本信息不稳定和准确率低的问题,为日后利用文本信息挖掘视觉近似关键帧与事件间的相关性提供了帮助,使文本与事件间的关系更可信。此外,利用文本信息弥补了视觉信息的缺陷,给通过文本与视觉信息进行网络视频的事件挖掘奠定了良好的基础。

表4—6 实验结果对比 – NB

话题编号	TFIDF (NB)			CC (NB)[①]			Association Rule (NB)		
	P	R	F1	P	R	F1	P	R	F1
1	0.47	**0.46**	**0.46**	0.51	0.37	0.43	**0.65**	0.33	0.44
2	0.24	**0.49**	0.32	0.35	0.38	0.36	**0.47**	0.46	**0.47**
3	0.61	0.26	0.36	0.68	0.26	0.37	**0.70**	**0.29**	**0.41**
4	0.34	0.57	0.43	**0.37**	0.52	0.43	**0.37**	**0.67**	**0.48**

---

① Yao J, Cui B, Huang Y, Et Al, "Bursty Event Detection From Collaborative Tags" World Wide Web, Vol.15, No.2, 2012.

续表

话题编号	TFIDF (NB) P	TFIDF (NB) R	TFIDF (NB) F1	CC (NB)① P	CC (NB)① R	CC (NB)① F1	Association Rule (NB) P	Association Rule (NB) R	Association Rule (NB) F1
5	0.69	**0.80**	0.74	**0.71**	0.79	**0.75**	**0.71**	0.77	0.74
6	**0.43**	**0.74**	**0.55**	0.37	0.42	0.39	0.40	0.55	0.46
7	0.37	0.42	0.39	0.45	**0.54**	**0.49**	**0.46**	0.46	0.46
8	0.56	0.43	0.48	**0.57**	0.46	0.51	**0.63**	0.41	**0.49**
9	0.47	**0.61**	0.53	0.60	0.23	0.33	**0.68**	0.55	**0.61**
10	0.20	**0.78**	0.32	0.31	0.63	0.41	**0.34**	0.60	**0.44**
11	0.27	**0.85**	0.41	0.48	0.25	0.33	**0.59**	0.58	**0.58**
12	0.32	**0.63**	0.43	**0.35**	0.58	**0.44**	**0.35**	0.60	**0.44**
13	0.77	**0.33**	**0.46**	**0.89**	0.20	0.33	0.81	0.18	0.30
14	0.24	**0.41**	0.30	0.35	0.34	0.34	**0.60**	0.36	**0.45**
平均值	0.43	**0.56**	0.44	0.50	0.43	0.43	**0.56**	0.49	**0.49**

基于动态关联规则的网络视频事件挖掘，比标准的关联规则更灵活，可以更好地适应不同的环境；同时增加文本与视觉间关系的鲁棒性，即使用户提供多语言、同义词和多语义的情况也可以更准确地找到其对应的视觉信息。充分利用了文本信息间的语义关系，减少了网络视频由于文本信息嘈杂、信息量少和噪声多等特点对视觉信息产生的影响，从而建立起文本和视觉信息间的更加稳固的桥梁，使其更好地适应于充满噪声的网络视频事件挖掘。

第三节 基于视觉近似片段的事件挖掘

首先，将视频分成视频片段，对视频间的片段进行相似性检

---

① Yao J, Cui B, Huang Y, Et Al, "Bursty Event Detection From Collaborative Tags" World Wide Web, Vol. 15, No. 2, 2012.

测,将内容相似的片段聚集在一起形成视觉近似片段,从而推断视频间潜在相关性。其次,为了进一步提高标题或标签的鲁棒性,避免文本信息噪声过多的问题,本书将自适应关联规则挖掘(AARM)方法用于单词间语义关系的挖掘,并将语义相关的单词进行聚类,其中每个类均代表某一语义信息,后用多重对应分析计算前面得到的每个类与各个事件间的相关性。再次,利用视频间片段共同发生特征来提高视频片段检测效率,并弥补文本信息噪声多等特点。最后,由于文本与视觉信息各自的缺陷,只利用某一信息很难达到理想效果,故应将两者融合在一起进行事件挖掘。

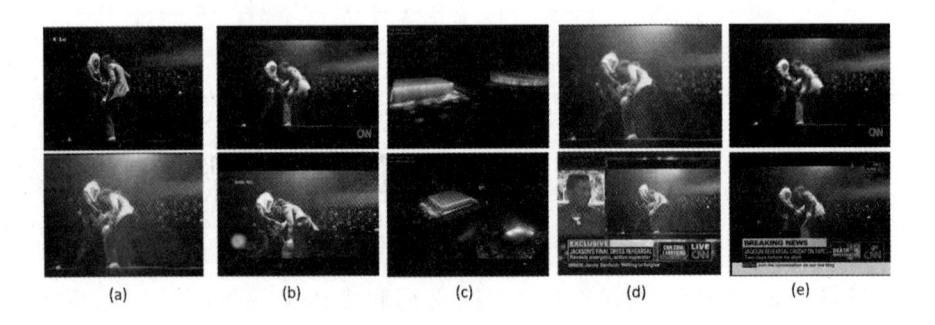

图 4—4 不同光照、视角和摄像机镜头情况下,不同变化的视觉近似关键帧

网络视频的文本与视觉信息对于网络视频的事件挖掘非常有效,并作为重要特征广泛应用于网络视频的事件挖掘中。然而,仍有很多问题有待解决。一方面,尽管网络视频包含丰富的视觉内容信息,但是捕捉方式的不同、视角的不同、颜色的不同、对比度的不同和摄像机镜头的不同都会使得视觉近似关键帧的检测仍然是一个具有挑战性的问题。例如:图 4—4(a),(b)和(c)分别为在不同的光照、视角和摄像机镜头的情况下不同变化的视觉近似关键帧。低层全局特征通常不能有效地保证视觉近似关键帧检测的准确性[1]。由于视觉近似关键帧鉴定中经常碰到各种变化和操作，而局部特征对于各种变化具有其独特性且鲁棒性较强[2]，因此，局部特征比较适合用于视觉近似关键帧的检测。但是，只是利用局部特征仍然不能准确地检测到一些与内容相关的网络视频。因为，当视频被编辑过后，以噪声的方式引入了很多局部特征，因此，从关键帧中提取的静态特征对于内容相关的网络视频的聚类不再准确。例如：图4—4（c）和（d）中，出于不同的目的，上传者对相同的视觉资源做了各式各样的后期制作（添加文字或不同的视觉效果），这些后期制作导致了原始视频的各种变化，并对基于内容的视频聚类提出了新的挑战。另一方面，网络视频与传统的文档相比包含的单词更少（标题或标签）。由于不同的个人喜好，不同的人对于同一目标可能会用不同的词来描述，就导致文本信息包含了大量的噪声。例如：为了吸引别人的注意力，有些用户甚至添加一些毫不相关的热点词汇来描述上传的视频，这对网络视频的事件挖掘影响较大。由于文本与视觉信息的上述特点，关键帧中提取的静态局部特征和充满噪声的文本信息促使本书研究如何减少视频编辑对网络视频聚类的影响，以及通过增强文本信息的鲁棒性以达到提高网络视频事件挖掘的目的变得至关重要。

为了达到上述目的，通过文本与视觉信息融合的方式进行事件挖掘，从而弥补双方的缺陷。原始视频镜头可能在上传之前就已被编辑过，例如：增加标题、台标等，甚至将不同来源的镜头合并。经研究发现，相对于视频的动态内容，被添加进去的内容在镜头中保持相对静止的状态。为了减少视频编辑对事件挖掘的影响，本书

---

[1] Chen K-Y, L L, S. C. T C, "Hot Topic Extraction Based on Timeline Analysis And Multidimensional Sentence Modeling" IEEE Transactions on Knowledge And Data Engineering, Vol. 19, No. 8, 2007.

[2] Ibid.

提出了提取视频片段的动态特征的方法,由于此特征描述的是视频基于时间和内容的信息,故对后期制作并不敏感。本书利用视频的动态特征,通过检测不同视频间的视频片段的相似度,将内容相关的视频片段聚在一起形成相似重复片段(NDS),并用相似重复片段(NDS)来代表视频间的联系,其作用与文本领域中的热点词汇具有异曲同工之妙。相似重复片段(NDS)的灵感来源于文献[33]关于视觉近似关键帧描述和用法,其作用就是用来将视频间内容相关的关键帧聚集在一起。对于文本信息,具有较强语义关系的单词通过自适应关联规则挖掘(AARM)、聚集在一起来增强文本特征的稳定性。然后,利用多重对应分析来利用相对更稳定的文本特征来挖掘相似重复片段(NDS)与事件间的关系,最后两者结合在一起来提高事件挖掘的效率。多重对应分析可以更好地弥补NDS和高层语义概念之间的差距。利用多重对应分析(MCA)在近似重复片段的级别上挖掘单词组(通过AARM聚类)与事件间的相关性。通过共同出现方法计算近似重复片段间的相似度,然后利用它们的相关度计算近似重复片段与事件间的相似度,可以减少嘈杂的文本信息的影响。

一 视觉近似片段

视觉近似片段的详细提取过程如图4—5所示。主要通过视频片段中提取的时空特征来挖掘视频间的潜在关系。其中,视觉近似片段指具有相似内容的视频片段集合,如图4—5(d)所示。视觉近似片段集合包含了一系列的活动和视觉场景。本书将视频片段作为代表视觉内容的最小单位。

从图像或视频帧中提取的空间局部特征已证明其能够有效代表

图像内容，并能够用于目标挖掘[1]。然而，从关键帧提取的这些特征并没有代表关键帧的时间维度信息。最近，研究人员提出了时空特征提取方法，同时从空间和时间维度代表视觉内容[2][3][4]。

首先，视频序列被划分为如图4—5所示的几个固定长度的视频片段4—5（b）所示。对于每个视频片段，运动信息通过局部时空检测器和描述符提取[5]。其中，检测器可以发现时空维度突然变化的点，描述符则通过时空图像梯度和光流法等图像测量方法在选择的关键点的相邻区域中提取形状和运动信息。其中，每个视频片段中的时空信息通过"Harris3D检测器"检测[6]，再通过一组特征向量"HOG/HOF"描述[7]。视频段中一个关键点周围的时空块可以通过特征向量来表示。本书对这些特征向量进行聚类，其中每一类称为一个视觉关键字。因此，视觉关键字可以视为一个词典，其中每个关键字代表一类运动特征，并且任何一个视频片段都可以通过包含所有视觉关键词频率的视觉关键词的直方图来表达。这样就可以得到区段向量。

---

[1] Lowe D G, "Object Recognition From Local Scale-Invariant Features" In Proceedings of the Seventh IEEE International Conference on Computer Vision, Kerkyra, Greece, September 1999.

[2] Laptev I, Marszalek M, Schmid C, Et Al, "Learning Realistic Human Actions From Movies" In Proceedings of the IEEE Conference on Computer Vision And Pattern Recognition, CVPR, Piscataway, NJ, June 2008.

[3] Liu J, Luo J, M. S, "Recognizing Realistic Actions From Videos" In Proceedings of the IEEE Conference on Computer Vision And Pattern Recognition, CVPR, Miami, FL, USA, 2009.

[4] Liu D, Shyu M-L, Zhao G., "Spatial-Temporal Motion Information Integration For Action Detection And Recognition In Non-Static Background" In Proceedings of the IEEE 14th International Conference on Information Reuse And Integration, California, USA, August 2013.

[5] Shabani A H, Clausi D A, Zelek J S, "Evaluation of Local Spatio-Temporal Salient Feature Detectors For Human Action Recognition" In Proceedings of the Ninth Conference on Computer And Robot Vision, Washington, DC, USA, May 2012.

[6] Laptev I, Lindeberg T, "Space-Time Interest Points" In Proceedings of the Ninth IEEE International Conference on Computer Vision, Nice, France, October 2003.

[7] Laptev I, Marszalek M, Schmid C, Et Al, "Learning Realistic Human Actions From Movies" In Proceedings of the IEEE Conference on Computer Vision And Pattern Recognition, CVPR, Piscataway, NJ, June 2008.

▶ 跨媒体网络事件检测与跟踪研究

其次，本书对视觉上相似的片段进行聚类，其中每一类代表某一特定活动或场景的一部分。同一类中的视觉片段称为一个视觉近似片段，如图4—5（c）所示，此处聚类方法采用比较经典的 k-means。例如：在同一群集中的段被称为一组近重复段，如图4—5（c）所示。再例如，对于一系列区段向量为（X_1, X_2, ..., X_n），k-means 可以将这 n 个特征向量分到 k 组（$k \leq n$）表示为 $S = S_1$, S_2, ..., S_k，并通过公式（4—3）使类内的平方和最小。

$$\underset{s}{argmin} \sum_{i=1}^{k} \sum_{X_j \in S_i} \| X_j - \mu_i \|^2 \qquad (4—3)$$

其中 μ_i 是指特征向量 S_i 的均值。

最后，将所有视频片段聚类成视觉近似关键片段后，具有同样或相似的视觉场景的视频片段就可以聚在一起了。任何一个事件都可能包含多个场景和活动。因此，本书需要找到一种方法将潜在的属于同一个事件却具有各种各样的场景的视觉近似片段合并在一起。这样就将同一事件的分散的活动链接在一起来代表同一视觉近似片段。所以，本书通过传递闭包算法将先前得到的视觉近似片段进行聚类，使每一类视觉近似片段尽可能地代表更多信息，其中每类称为一个视觉近似片段组，如图4—5（f）所示。例如：如果视觉近似片段 NDS_1 与视觉近似片段 NDS_3 相关，同时视觉近似片段 NDS_3 与视觉近似片段 NDS_4 相关，那么本书可以得到视觉近似片段 NDS_1 与视觉近似片段 NDS_4 也相关。最终，本书可以得到一组新的视觉近似片段，并且每一组代表同一事件中更多的活动和场景。

得到上述分组后，为了进一步挖掘视觉近似片段与事件间的关系，每个视觉近似片段都根据下述公式判断其属于哪个事件，并将概率值最大的事件的标签标记为该视觉近似片段。

$$P(NDS_i, E_j) = \frac{| NDS_i \cap E_j |}{| NDS_i |} \qquad (4—4)$$

其中 $| NDS_i \cap E_j |$ 指视觉近似片段 NDS_i 与事件 E_j 间共同包含

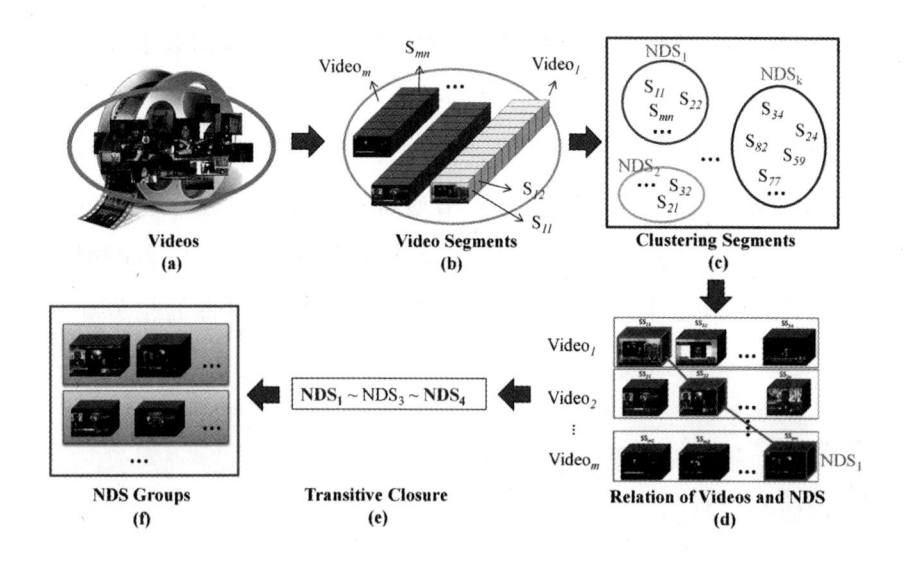

第四章　基于动态关联规则与……视频事件挖掘研究

图 4—5　视觉近似片段提取过程

的视频数。| NDS_i | 指视觉近似片段 NDS_i 中包含的视频数。即如果视觉近似片段 NDS_i 包含视觉片段 SS_{mn}，其中 SS_{mn} 指视频 m 中的第 n 个视频片段，那么视频 V_m 将会被计算在 | NDS_i | 中。E_j 则指实际情况下的第 j 个事件。

二　视觉近似片段与文本分布特征的融合

为了克服现有方法中遇到的困难，并更好地提高网络视频事件挖掘的性能，本书提出的方法如图 4—6 所示。该方法主要由以下几个部分组成：视觉近似片段的提取、视频间视觉近似片段的相关性挖掘、文本分布特征挖掘以及多模态融合。其中，输入为搜索引擎返回的海量网络视频，而输出则为已分好类的事件。

在视觉近似片段提取和视频间视觉近似片段的相关性挖掘阶段，首先将视频分隔成固定长度的视频片段，此时每个视频又都可以由多个视频片段来代表；然后利用有效的视觉片段的相似性检测方法检测视频间的视频片段的相似性。由于视觉内容相关的视频往

▶ 跨媒体网络事件检测与跟踪研究

往具有相似的视频片段，因此视觉近似片段可以作为重要的视觉特征进行网络视频的事件挖掘。为了更好地解决视觉近似片段相似性检测过程中受到视频编辑的影响，以及视觉片段错误检测造成内容相关视频片段分成不同类问题。本书通过共同发生方法检测视觉近似片段间共同包含的视频，以此进一步判断视觉近似片段间的相关性，并利用此相关性计算每个视觉近似片段与所有事件的相关度。

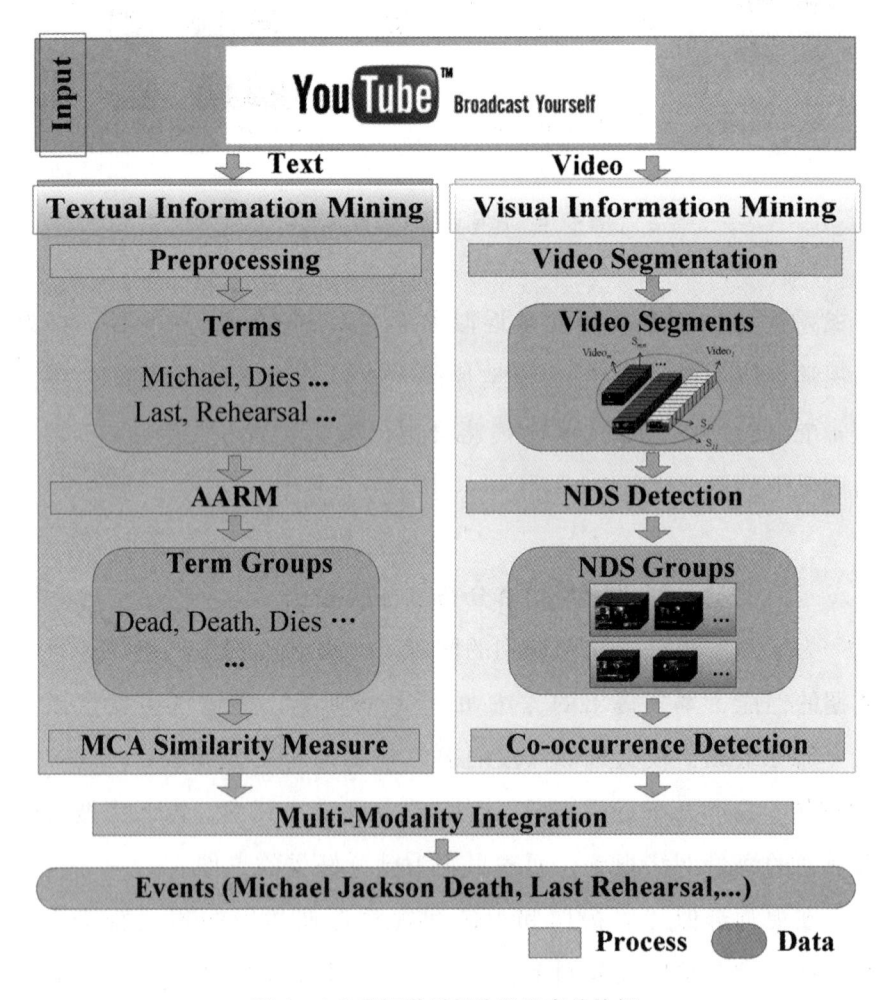

图4—6 基于视觉近似片段的事件挖掘

在文本分布特征挖掘阶段，从网络视频中的标题和标签等文本信息中提取文本分布特征。由于普通用户提供的标签等文本信息充满噪声，为了进一步增强文本分布特征的鲁棒性，本书通过动态关联规则挖掘单词间的语义相关性，并将语义密切相关的单词聚为一组。然后，寻找单词组与视觉近似片段间的对应关系，并利用它们间的关系通过多重对应分析，统计单词组在视觉近似片段中的分布特性。从而可以利用多重对应分析的特性建立起文本与视觉间的桥梁，并通过文本特征与事件间的相关性建立起视觉近似片段与事件间的相关性。

在多模态融合阶段，文本与视觉信息通过线形函数将两者有机地融合在一起进行事件挖掘。将每一个视觉近似片段归入与其相似度最大的事件中去；同时，视觉近似片段对应的视频也归到相应的事件中。

三 关联规则挖掘

众所周知，文本特征具有信息嘈杂、词义模棱两可和语义信息不完整等特点。而一幅图片所包含的信息更丰富，甚至比多个单词联合起来所表达的内容还要多。因此，本书用信息丰富且相对不易受影响的视频内容信息来弥补文本信息的上述缺陷。另外，虽然二者共同出现已被广泛应用于文本领域，甚至初步应用到视觉近似关键帧中，却没有在视觉近似片段领域进行探索与实验。与文本信息相比，视觉近似片段所包含的语义信息相对单一，均是视觉内容相对单一，但却具有不易受噪声及多语言等因素影响的特点。以上因素，促使本书利用视觉近似片段间的相关性提高事件挖掘效率这一方法的提出。

对于任意给定的两个视觉近似片段 NDS_i 和 NDS_j，可表示为三元组 (NDS_i, NDS_j)，(NDS_i, NDS_j)，其中 (NDS_i, NDS_j) 表示这两个视觉近似片段间的相关性。在视觉领域，对于某一视觉近似片段，其中隐含有这样的有效信息，即此视觉近似片段所代表的内容会经常被插入其他视频中用以提醒或支持某种观点。因此，视觉近似片段具有文本领域中热点词汇所具有的特性。而普通用户上传的网络视频往往较短，不排除有些视频内容被删除或修改的可能，这会导致相关视频中部分视频片段找不到相对应的部分，从而造成视觉片段的相似性检测受到影响。例如：图4—7中给出的两个视觉近似片段可表示为：$NDK_{k-1} = <SS_{21}, SS_{32}, \cdots SS_{m2}>$ 和 $NDK_k = <SS_{11}, SS_{22}, \cdots SS_{mn}>$。图中 $Video_3$ 中视频片段（SS_{32}）和 $Video_1$ 中视频片段（SS_{11}）均属于同一事件（最后的排练），这两个视频片段之间却并没有重复的视觉内容，$Video_3$ 和 $Video_1$ 之间也没有任何联系。然而，视频片段 NDS_k 和 NDS_{k-1} 却通过视频 $Video_2$ 和 $Video_m$ 拥有了共同的视觉信息。因此，视觉近似片段间的相关信息可以将更多被编辑过且属于同一个事件的视频聚集在一起。

视觉近似片段所表现出来的上述特性，促使本书探索并利用其特性寻找更多相关网络视频，以减少噪声影响并提高网络视频事件挖掘性能。如果视觉近似片段间含有的相同视频越多，那么他们的相关性就越强。因此，本书用如下公式来测量两个视觉近似片段间相关性高低，其数值越大则表明这两个视觉近似片段的关系就越密切。

$$d(NDS_i, NDS_j) = \frac{|NDS_i \cap NDS_j|}{min(|NDS_i|, |NDS_j|)} \quad (4—5)$$

其中 NDS_i 和 NDS_j 是任意两个视觉近似片段，$|NDS_i \cap NDS_j|$ 指这两个视觉近似片段间共同包含的视频数，由于不同视觉近似片段所包含的内容不同，因此它们的出现频率或被包含的视频数也大相径庭，为了将更多出现频率较低的视频内容也包含进来，从而不至于丢失更多的有效信息，用 $min(|NDS_i|, |NDS_j|)$ 表示视觉近似片段 NDS_i 和 NDS_j 中所包含视频的最小数目。由于会出现不可避免的视频编辑或视觉近似片段错误检测问题，原本内容相关的视频片段仍有可能会被分到多个视觉近似片段。相较于传统的 Jac-

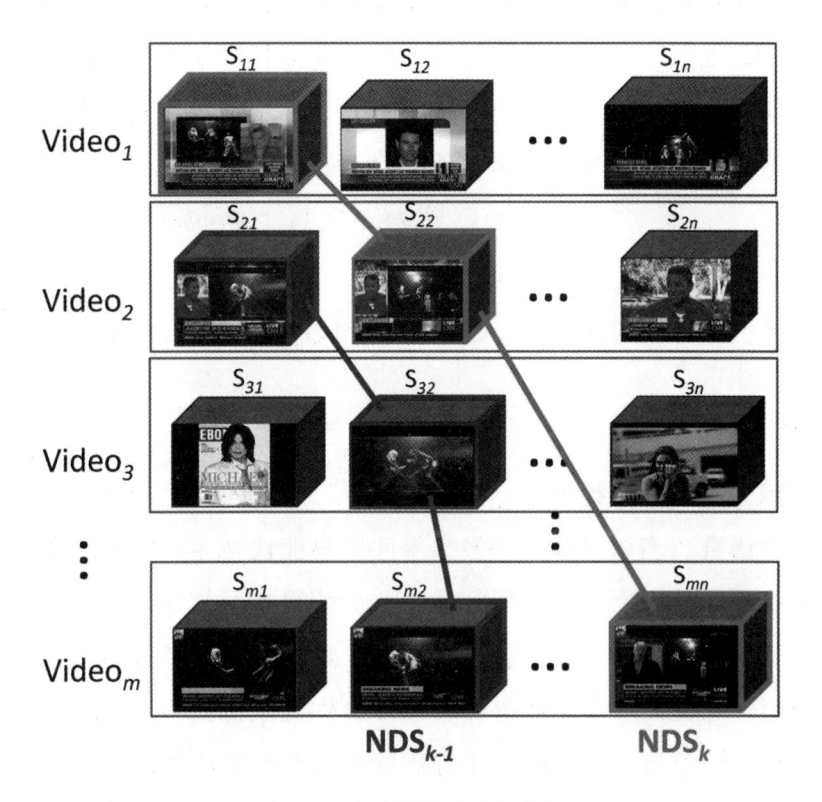

图 4—7 视觉信息的分布分析

card 相似性检测，本书的方法可以将更多包含视频数较少的相关视觉近似片段包含进来。

最终通过下述公式得到每个视觉近似片段与每个事件间的相关度 $Sim_V (NDS_k, E_n)$。

$$Sim_V (NDS_k, E_n) = \frac{1}{s}\sum_{p=1}^{M} d(NDS_k, NDS_p) \quad (4—6)$$

其中，M 指事件中与 NDS_k 相关的视觉近似片段，S 指事件中的视觉近似片段数，$d(NDS_k, NDS_p)$ 指由前面公式得到的两个视觉近似片段 NDS_i 和 NDS_j 间的相似度。将任意一个视觉近似片段与所有事件间的相关度从大到小进行排序，并用相邻两个数值间的最大间隙作为阈值来判断此视觉近似片段与此事件的相似性的可靠度。若某一视觉近似片段与其真正属于的事件的相似度小于该阈值，那么本书认为此方法得到的相似度并不可靠，不采纳此结果作为两者相关度的评价标准，反之则采纳如下公式表示：

$$W_{V_{NDS_k}} = \begin{cases} 1 & Sim_V(NDS_k, E_n) > threshold \\ 0 & else \end{cases} \quad (4-7)$$

其中 $Sim_V(NDS_k, E_n)$ 是指视觉近似片段 NDS_k 与事件 E_n 间的相似性。

四 文本信息挖掘

多语言、多语义和一词多义等问题可能使得本来内容高度相关的网络视频被不同的单词所标注，这会使得本身就比较脆弱的文本信息更难以提供有价值的信息。因此，如果将语义相关的单词聚集在一起，在提高文本信息鲁棒性和准确性的基础上再对网络视频文本信息进行挖掘，可以进一步提高网络视频挖掘性能。故本书通过自适应关联规则将语义相关的单词聚集在一起。

得到鲁棒性较强的词组后，便可用多重对应分析来进一步获得这些词组与事件间的相关度，并利用单词组在视觉近似片段中的分布特性得到视觉近似片段与事件间的相似度。

建立词组与视觉近似片段间对应关系表 NT 如表 4—7 所示，其中每一行代表一个视觉近似片段而每一列则代表一个词组。为了减少词频对词组分布权重的影响，根据 $TFIDF$ 计算方法，本书采用公式 4—8 计算每个词组 TG_i 在每个视觉近似片段中的分布情况。

$$NT_j^i = \frac{Fre(i,j)}{\sum TG(j)} \times log \frac{N}{D(TG_i)} \quad (4-8)$$

其中 $Fre(i, j)$ 指词组 TG_i 在视觉近似片段 NDS_j 中出现的次数。$\sum TG(j)$ 指视觉近似片段 NDS_j 中所有单词组出现的次数之和，$D(TG_i)$ 指词组 TG_i 出现过的视觉近似片段数，N 指视觉近似片段总数。

表 4—7　　　　　文本信息在视觉近似片段中的分布情况

	Last, Rehearsal..	RIP, Tribute..	Billie, Jean..	...	Heart, Attack..	Event
NDS_1	NT_1^1	NT_2^1	NT_3^1	...	NT_s^1	E_1
NDS_2	NT_1^2	NT_2^2	NT_3^2	...	NT_s^2	E_2
...	...	...	...	...	...	...

表 4—8　　　　　特征值对与视觉近似片段的对应关系

	FVP_1	FVP_2	FVP_3	...	FVP_m	Event
NDS_1	F_1^1	F_2^1	F_3^1	...	F_m^1	E_1
NDS_2	F_1^2	F_2^2	F_3^2	...	NT_m^2	E_2
...	...	...	...	...	...	...

为了更好地利用多重对应分析的特性，根据每个词组的权重及其分布特点将每个词组出现过的视觉近似片段分成不同的区，其中每个区称为一个特征值对（FVP），其中每个特征值与视觉近似片段的对应关系如表4—8所示。

此时可直接通过多重对应分析计算每个特征值与所有事件间的相关度。由于特征值与事件间的夹角可以作为一个衡量两者关系紧密程度的重要依据，如果它们的夹角小于90度，那么它们的关系较紧密；相反，它们的关系则较疏远。因此，可以通过计算特征值与每个事件夹角的余弦值来计算它们的相似性，具体计算方法如下公式所示：

$$W_{i,j}^n = \cos(angle_i^j) \qquad (4—9)$$

其中 $angle_i^j$ 指特征值对 F_i^j 与事件 E_n 间的夹角。那么视觉近似片

段 NDS_k 与事件 E_n 间的相似度，就可以通过计算此视觉近似片段所包含的所有特征值与该事件间的关系得到。具体计算方法如下公式所示：

$$TW_{k,n} = \frac{1}{m}\sum_{i=1}^{m} W_{i,j}^n \qquad (4-10)$$

其中 m 指视觉近似片段 NDS_k 中出现的特征值对数，$W_{i,j}^n$ 指特征值对 F_i^j 与事件 E_n 的相似度。得到每个视觉近似片段与所有事件的相似度后，对于每个视觉近似片段，将与其相关的事件按照相似度大小由高到低进行降序排列。把相邻数值间差距最大的地方作为阈值来判断所得结果是否可靠。对于任意某个特征值对，它与事件相关程度越高其相似度会越大，本书将大于前面的阈值的相似度判定为所得结果可靠，其状态判定为 1，否则本书认为此相似度与实际情况相悖，会对结果起负作用因而判定所得结果不可靠，不采纳此相似度，状态判定为 0。最终通过其他途径重新得到可靠的相关度。

五　多模态融合

网络视频的视觉内容信息可以帮助弥补网络视频中文本信息文字数量少、噪音多、多语言以及同义词等缺陷。每一个事件通常由不同形式的视觉内容组成，网络视频中也存在许多视频与其他所有视频均没有重复或相关的视觉内容的现象。且这些没有重复出现过的网络视频也可能与其他属于同一事件的网络视频被相同或相关的文字描述。因此，文本信息在某种程度上对视觉信息具有一定的补充作用。这促使本书通过文本与视觉信息融合的方式进行网络视频的事件挖掘。

在本书提出的方法中，利用视觉近似片段和文本信息进行事件挖掘后，得到视觉近似片段与事件相关性的评估结果，并利用上述信息通过文本与视觉信息的融合方式进行网络视频的事件挖掘。具体计算方法如下公式所示：

$$Sim(NDS_k, E_n) = \gamma \times W_{T_{NDS_k}} \times TW_{k,n} + (1-\gamma) \times W_{V_{NDS_k}} \times Sim_V(NDS_k, E_n) \quad (4\text{—}11)$$

其中，γ 是控制因子，用来控制视觉与文本信息所占的权重。为公平起见，本书视文本与视觉信息具有相同比重，故 $\gamma = 0.5$。$W_{T_{NDS_k}}$ 和 $W_{V_{NDS_k}}$ 分别为衡量视觉近似片段 NDS_k 的文本与视觉部分所得该视觉近似片段与事件的相似度是否可靠的依据，若可靠，其值为 1，否则为 0。$TW_{k,n}$ 和 $Sim_V(NDS_k, E_n)$ 分别指由文本与视觉方法得到的视觉近似片段 NDS_k 与事件 E_n 间的相似度。最终，NDS_k 被分配到与其相似度最大的事件中，同时 NDS_k 所对应的视频也被分配到相应的事件中。

第四节 实验与分析

一 实验数据

本书从前述数据集中选取了 75 个具有丰富运动信息的代表性事件对实验结果进行评估，其中每个话题和事件的具体信息如表 4—9 所示。以事件"俄罗斯格鲁吉亚战争"为例，其中共包含 7 个事件："俄罗斯军队进入并攻击格鲁吉亚""佐治亚突然攻击南奥塞梯""格鲁吉亚和俄罗斯之间的战争""外交照会""南奥塞梯独立""响应"和"重建"。此外，所选的事件基本上涵盖不同类型的主题。例如，所选话题"伊朗核计划"中的事件均从 2006 年到 2009 年，历时三年。与之相反，所选话题"加州火灾"中的事件则以周期性发生了数年，且事件分布比较均匀。为公平起见，对于只包含 5 个或 5 个以下网络视频的事件均视为噪声，未包含在所选事件中。文本部分利用多重对应原理分析计算视觉近似片段与事件间的相似度时，为了减轻数据选择对实验结果的影响，视觉近似片段被随机分成训练集和和测试集,其中训练集和测试集数据各占一半。实验结果通过经典的查准率、查全率和 $F1$ 来评估实验结果,并与不同方法进行对比。

表 4—9　　　　　　　　　数据集信息

话题编号	话题	视频数(个)	NDK 数(个)	单词数(个)	NDS 数(个)	事件数(个)
1	北京奥运会	1098	5467	4861	19283	17
2	孟买恐怖袭击	423	1741	1569	4965	5
3	俄罗斯格鲁吉亚战争	749	2823	2316	13636	7
4	索马里海盗	410	1405	2178	12804	5
5	北京奥运会火炬接力	652	2448	1949	11126	12
6	加州野火	426	1631	3025	4610	6
7	伦敦恐怖袭击	784	6090	4232	10270	5
8	科索沃独立	524	969	1593	7641	5
9	伊朗核计划	1056	4561	3969	12998	5
10	迈克尔·杰克逊死亡	2850	5383	6758	28597	8
总数		8972	32518	32450	125930	75

二　实验分析

1) Harris3D 和 SIFT 的比较

本书通过实验,对 Harris3D 检测器和 SIFT 的性能进行了比较和分析。实验中所用数据来源广泛,并包括了很多经后期制作或编辑过的网络视频,其中会出现很多问题,例如:台标或字幕会出现在视频的屏幕中,有时主要画面只会占屏幕的一部分,大部画面则被主持人或嘉宾的画面所占用。这些后期制作或编辑会增加视频间关键帧的相似性度量的难度,因此,当以关键帧为单位来测量视觉关键帧间的相似度时，这些被编辑过的关键帧多被视为影响事件挖掘的噪声。相对于 SIFT 特征，Harris3D 检测器可以更好地避免静态字幕对相似性检测的影响。当锚点出现在视频屏幕上时，Harris3D 检测器可以在同一时间定位运动的关键点。本书实验中通过平均抽样方法，每块抽取 48 个关键帧作为一个视频块。通过分析固定长度的视频片段，就知道简单的运动通常只占据差不多数量的帧，并且相对于视频的总长度是不变的。为了做到既涵盖主要的视觉内容又不包含过多的冗余部分，本书选择了实验中经常用到的经验值。

图 4—8 展示了 SIFT 和 Harris3D 检测器两者对镜头中出现文字或其他内容的视频编辑的灵敏度对比情况。图 4—8 中的第一行是属于同一事件，具有相似视觉内容，分别从 3 个不同视频中提取的 3 个关键帧。图 4—8 中的第 2 行是 SIFT 检测器捕获的关键点（在黄色十字点标出）。由图可知 SIFT 检测器不仅捕捉到了视频的内容信息，而且捕捉到了镜头中的一些文字信息如字幕、台标等，以及镜头中出现的与主要内容不相关的其他视觉内容信息。由于捕获到的这些信息与所对应事件并不相关，因此这些信息不仅会影响视觉的相似度测量，甚至会影响到事件挖掘的性能。例如：在图 4—9 中，由于镜头中出现的字幕、标题、电视台标志等文字信息的影响，使得原本内容相关的视觉近似关键帧被分到了不同的类中。在图 4—10 中，由于镜头被编辑过，有人在镜头的一侧对已发生的事件进行讨论或评论，并在屏幕下方出现相关文字描述等信息，这均使得本来内容相关的镜头的相似度降低了。

另一方面，Harris3D 检测器即使在时空角速度变化的情况下也可准确定位关键点，且对只有空间变化的情况不敏感，有唯一的改变点。图 4—8 中最后一行用黄色圆圈的方式显示了 Harris3D 检测器检测到的关键点位置。而 Harris3D 检测器对文字等静态信息不敏感的特性使得本书能够更准确地提取内容相关的信息，并以此判断视频间的内容相关度，进行相关事件挖掘，且能减少由于视频后期制作对事件挖掘产生的影响。

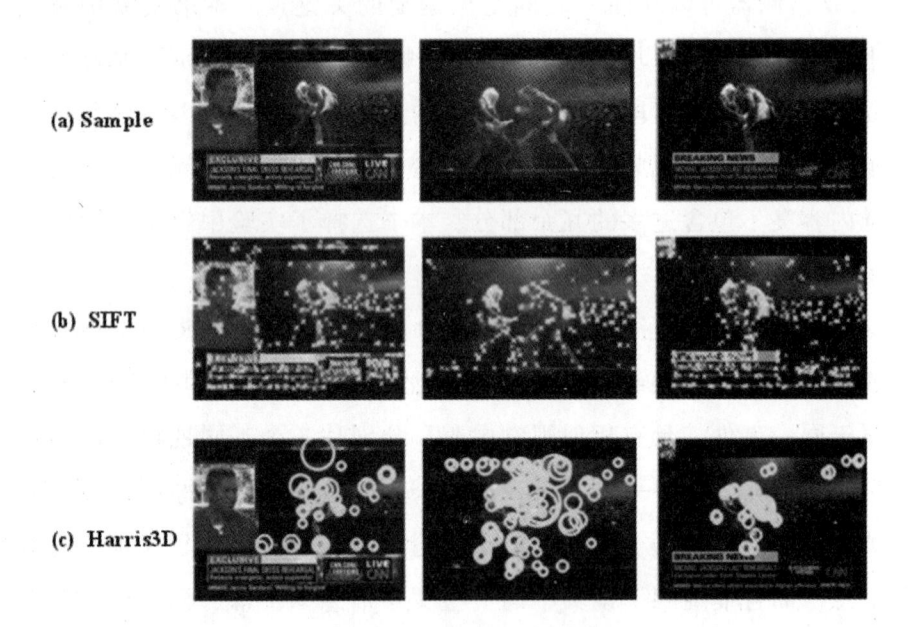

图4—8　SIFT与Harris3D特征的比较：(a) 原图、(b) 提取SIFT特征、(c) 提取Harris3D特征

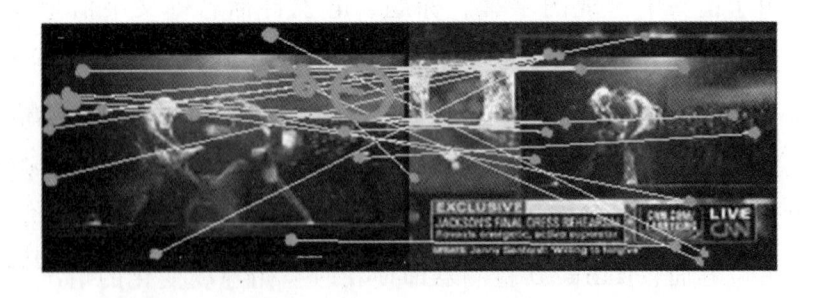

图4—9　由于视频编辑而使得关键帧的SIFT特征错误匹配

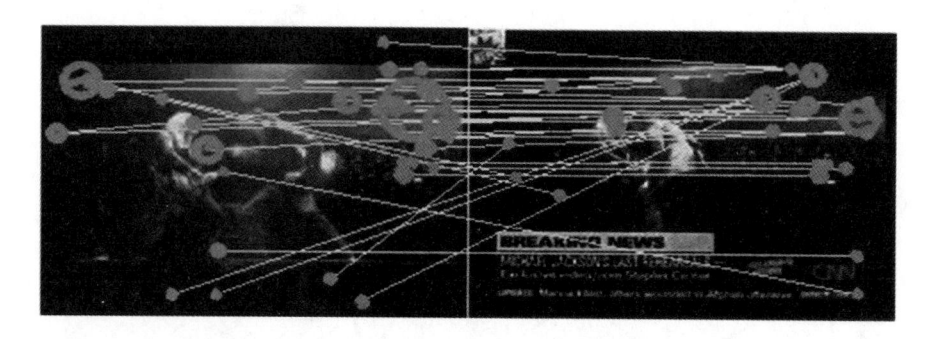

图4—10 视频中插入文本和台标等文本信息使得关键帧间 SIFT 特征错误匹配

2）对比实验

本书通过实验对几种方法做了较客观的对比，并对各种方法得到的实验结果进行了评估。本书依旧将参考文献［62］、［65］、［115］和多重对应分析作为基准方法，具体实验结果对比情况如图4—11、图4—12和图4—13所示。由图可知，本书所提出的方法相对于其他基准方法有显著改善，由于引入大量低频视觉近似片段以及低频词的原因，引入大量噪声是不可避免的，但本书却能同时引入更多有效信息。因此，除了图4—11中查准率较低外，由图4—12可以发现查全率相对于其他结果均有了较大幅度的提高。由于查准率和查全率之间的矛盾，本书用公认的 $F1$ 的结果为准，对实验结果进行评估，由图4—13可知，本书新提出的方法较其他方法均有较大改进。除去数据预处理部分，本书的方法与其他方法具有相似的时间和空间复杂度，故出自本书的方法可以很容易地扩展到其他大型数据集中。

为了不丢失太多信息，本书将低频的单词也作为有效信息，这毫无疑问地为多重对应分析中的文本信息的特征分布情况分析增加了难度。为了进一步提高文本信息的鲁棒性从而更好地挖掘文本与事件间的相关性，本书通过使用动态关联规则挖掘方法，将语义相

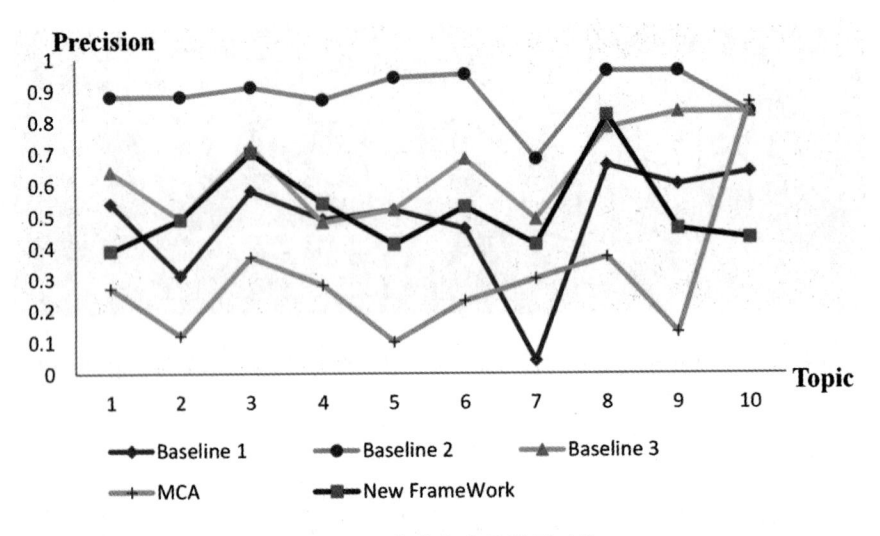

图 4—11　查准率实验结果对比

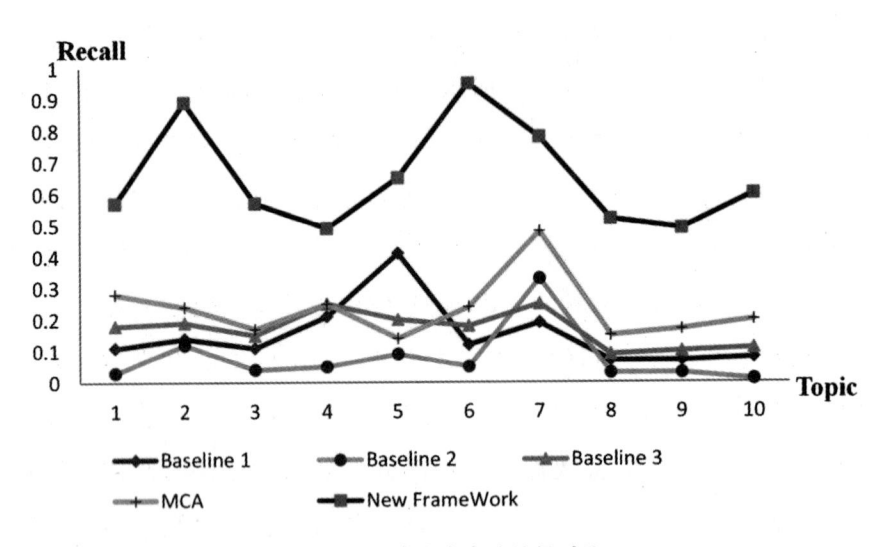

图 4—12　查全率实验结果对比

关的单词聚集在一起，形成语义相关的类，通过挖掘这些类与事件间的相关度来进一步挖掘视觉近似片段与事件间的相似性。最后本书将分别由文本与视觉方法得到的视觉近似片段与事件的相似度融合在一起，得到最终结果，将每一个视觉近似片段划分到相似度最大的事件中，并将与相关视觉近似片段对应的视频分配到相关事件中。由图中 $F1$ 值的对比情况可以很容易地发现，相对于其他方法，本书提出的方法已经使 $F1$ 值得到显著提高，最好结果可以达到 69%。由此可以推断出一组具有代表性的镜头往往伴随着重要事件的特点。因此，视觉近似片段对于事件来说是非常关键的线索，可以更好地将相关网络视频划分到对应事件中。与此相反，单词所代表的信息相对普遍、广泛和嘈杂。虽然低频单词会带来更多的嘈杂信息，但是本书提出的方法仍然可以通过使用视觉和文本信息结合的方法弥补了各自的缺陷，并最终取得良好的效果。从而表明低频单词仍然可以提供有效信息并有助于提高事件挖掘效果。

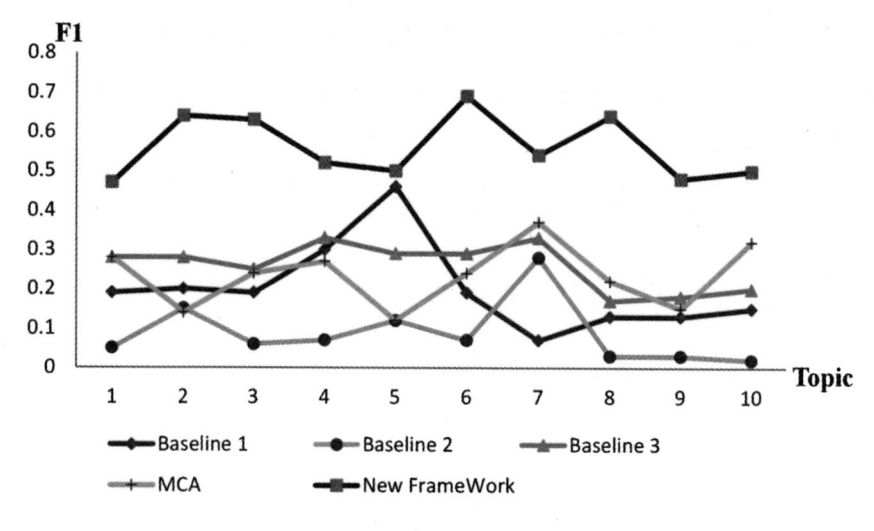

图 4—13　$F1$ 实验结果对比

从实验结果对比图可以清晰地发现本书提出的方法相对于其他基准方法取得了更加可喜的结果。通过进一步观察可以发现查全率和 $F1$ 的结果在所有对比实验中是最高的。所有这些令人鼓舞的实验结果均证实了基于时空特征的视觉信息和鲁棒性较强的文本信息融合方法的有效性，并验证了网络视频事件挖掘的性能可以通过本书提出的方法得到显著改善。

第五节　本章小结

在搜索引擎返回的搜索结果中找出主要事件是一个十分艰难的任务。而且，由于网络视频均由普通用户上传，故这些网络视频均表现出以下共同特点：有限且嘈杂的文本特征以及视觉近似片段不可避免的错误检测问题。换句话说，从网络视频中挖掘事件是非常具有挑战性的。在本章中，新提出的方法旨在提高网络视频的事件挖掘效率，其中文字和视觉信息都可通过互补的方式达到两者的有机结合。实验结果充分地证明了本书提出的方法的优势和效果：即通过时空视觉特征和文本的分布特征可以更好地提高网络视频的事件挖掘效果。

第五章

结论与展望

第一节 主要研究成果

本书对海量大规模网络视频进行分析以研究事件挖掘，通过对标题、标签等文本的分析，以及深入研究视觉近似关键帧的特征轨迹、共同发生、关联规则、多重对应分析和视觉近似片段等方面的相关特性。并通过上述特性间的相似性、差异性和互补性等进行文本与视觉信息的融合达到改善网络视频事件挖掘性能的目的，所取得的创新性研究成果主要包括以下几个方面的研究内容：

一 基于视觉内容相关性与多重对应分析的网络视频事件挖掘

首先，挖掘视觉近似关键帧之间的关联规则。其次，基于统计领域的多重对应分析，建立起视觉近似关键帧与文本信息间的桥梁，并通过统计文本信息在视觉近似关键帧的分布特性，得出视觉近似关键帧与事件间的相关度。最后，通过文本与视觉信息的融合实现了网络视频事件挖掘性能的优化。通过在海量网络视频上进行的大量实验表明，基于上述特性分析的文本与视觉信息的融合方案，在相同条件下有效改善了网络视频的事件挖掘。

二 基于内容视觉特征轨迹与文本分布特征的网络视频事件挖掘

在视觉信息方面,提出了一种基于内容的新的视觉特征轨迹,利用视觉近似关键帧的内容与时间分布之间的关系,将以上两种信息有机结合在一起形成新的特征轨迹,从而挖掘到更多属于同一事件的视觉近似关键帧。在文本信息方面,一方面通过多重对应分析统计文本信息在视觉近似关键帧中的分布特征并计算视觉近似关键帧与事件间的相关度;另一方面,利用视觉近似关键帧之间内容的相关性加强相关文本信息的相关性,从而提高文本信息的鲁棒性及加强视觉近似关键帧与其相关事件间的相关性。通过概率模型将文本信息与视觉信息联合起来进行网络视频的事件挖掘。实验结果表明,基于内容视觉特征轨迹与文本分布特征的网络视频事件挖掘方案,有效改善了基于视觉近似关键帧的内容单一问题,并在一定程度上提高了文本信息的鲁棒性,而文本与视觉信息的融合方案进一步弥补了文本与视觉信息二者自身的缺陷,达到了优势互补的目的。

三 基于动态关联规则与视觉近似片段的网络视频事件挖掘研究

首先,提出了动态关联规则挖掘算法,并将该算法用于提高多重对应分析中文本信息的鲁棒性,以提高其分布特征的准确性。其次,提出了视觉近似片段提取方法,用以解决视觉近似关键帧无法解决的视频编辑与字幕问题,实现了视觉近似片段间的关联规则挖掘,并研究通过视觉近似片段建立其与文本信息间的关系。最后,通过文本与视觉信息的融合进行数据挖掘。实验结果表明,基于动态关联规则与视觉近似片段的网络视频事件挖掘,在相同条件下有效改善了网络视频编辑问题并提高了文本特征的鲁棒性。

第五章 结论与展望

第二节 今后研究方向

虽然论文在以上方面取得了一定的研究成果，但由于本人理论水平、研究能力以及技术条件的限制，研究内容还不是十分完整和翔实，还存在一些不足和考虑不周的情况。加之，文本信息的不准确性、视频内容的多样性，以及文本突发性特征与视频突发性特征的一致性问题，今后在网络视频事件挖掘方向还有大量的工作需进一步研究和探索。

一 文本突发性特征的研究

由于网络视频的标题和标签等信息通常由普通用户自己生成，由于他们教育背景、文化背景和写作习惯等差异，使得相同视频也可能被不同的词语标注。有些用户不想花费太多时间来描述视频内容，仅仅使用一些语义笼统、模糊的单词来描述视频的主题，寥寥数词的标题和标签很难准确和全面地囊括视频中丰富的内容。而另一些用户做事比较认真，他们会用一些较具体准确的词来描述视频的主要内容。这对文本突发性特征的准确性有很大影响，同时有限的文字描述又使得文本信息的鲁棒性不理想。可见仅仅利用网络视频中的标题或标签等信息，对文本突发性特征进行研究，很难保证信息的丰富性和准确性。因此，今后可以尝试挖掘视频的评论信息，获得更丰富和稳定的文本信息。

二 视觉突发性特征的研究

对于同一事件的报道，通常会在短时间内就涉及其众多方面，例如：会从不同的角度来报道同一事件，便导致视频多样性很高。同时，网络视频的多样性，以及相对较差的视频图像质量和视频编辑问题，使得视频间的相似性检测变得更加困难。虽然，对视觉近似关键帧的相似性检测已经有较多的成果，但是在成百万的图像中精确地、高效地检测视觉近似关键帧或视觉近似片段仍具有相当的挑战性。因此，深入研究视觉近似关键帧及视觉近似片段的相似性检测问题，将建立更为有效的机制，可以进一步改善其性能。

三 文本与视觉信息融合的研究

当本书将文本领域比较成功的方法应用到海量网络视频时，遇到了新的困难。这不仅需要本书研究文本与网络视频的特点，以及原有的方法在网络视频领域所表现出来的新特征，而且需要本书深入研究文本与视觉特征的融合问题，提出新的高效算法来更好地实现文本与视觉特征的优势互补，达到更好地进行事件检测的目的。目前，这仍是网络视频事件挖掘的一个难点。

目前的研究已经在大规模视频数据库上进行了实验并取得了较好的进展，由于研究涉及的课题较为新颖，目前仍有一些亟待解决的问题。视觉近似关键帧和文本特征聚类时选取的类的数目对性能有一定影响，还需进一步探究类的数量的合理性，同时深入分析视觉和文本在提取的特征轨迹和共存性特征两方面的差异，研究其在各自情况下的优劣。因为国内外研究目标和此课题相同的研究相对较少，所以还需建立更加客观完善的实验评价体系来增加对比实验的说服力。此外，对少数集合中文本关键词和视觉相关度不大的噪声视频还缺乏一种自动识别并排除的机制，当这类噪声视频在话题中所占比重较大时会明显影响到话题事件检测和结构生成。

后续工作会加大对以下方面的研究：

（一）近似图像检测

类似于文本信息检索，视觉词典（Visual Dictionary）的概念近期被提出来，通过将局部特征点量化为视觉单词，并且倒排表索引文件（Inverted Files/Lists）常被用于快速地匹配视觉单词。然而，视觉单词（Visual Words）存在的一个主要弱点是因关键点量化而导致的视觉模糊性。为了使近似图像的检测能够扩充到互联网级别的视频数据库，本书将通过考虑以下三个方面来提出高效的近似图像检索方法：局部视觉特征点索引、快速过滤图像级别的特征点错误匹配和视频级别的近似片段定位。本书的方法将集成并扩展弱几何约束（WGC）和霍夫变换（HT）方法。

网络视频通过镜头边界检测和关键帧提取，可将局部特征点提取出来，并且可用聚类算法将关键点量化为视觉字典。在关键帧中的每一个点被编码为字典中的一个视觉单词，每一个关键帧被表示为一个单词包。为支持可扩展的关键帧快速检索，倒排表索引将会被采用，与查询关键帧相似的图像可被检索出来。为达到快速准确地进行近似图像检测，本书将探索时—空验证，即两个关键帧之间匹配特征的空间一致性，以及两个视频间关键帧的时间一致性。检索的关键帧可根据它们的几何一致性被进一步重新排序。几何一致性检查被应用将会进一步测量关键帧之间的相似度。最后，关键帧之间的时间一致性约束被考虑其中，视频片段的相似度通过基于二维霍夫变换而积累的关键帧分值得到最终确定。

（二）链接分析及话题迁移挖掘

在完成了近似图像/片段检测并在视频之间形成链接之后，下一个任务就是提取代表性片段并挖掘话题迁移，以方便有效的大规模可视化和视频浏览。本书将那些在一个话题中不同时间轴上具有里程碑式的视频片段看作代表性片段。这些片段会作为一种提醒或是对某一观点的支持经常地被插入其他视频中。

近似图像/片段检测所产生的视频链接，可被建模成一个刻画视频间关联的关系图。一个最自然用于发现代表性片段的方法是通过聚类或者划分将图分成紧密连接的类。在每一个类中，经常出现在视频中的近似视频片段可被提取出来作为代表性片段。代表性片段的选择可以考虑诸如点击量、信息覆盖等因素。考虑到将要进行聚类的视频数量较大，而且内容存在噪音，本书将使用轻量级的聚类算法来处理扩展性的问题。另一个问题是代表性片段的时间顺序不容易判断，如果只根据视频上载的时间，这样得到的结果可能不准确。然而，这个信息可通过视频镜头的安排顺序发掘出来。本书将通过结合来自上载时间和视频镜头顺序所形成的近似片段之间约束，将时间戳发掘问题形式化为一个优化问题。

近似图像/片段也可用于描述一个话题的情境上下文和观点。这种类似"考古变化"的发掘研究曾在网络图像中被研究过，本书将在网络视频领域挖掘类似的信息。然而，近似图像/片段所表达的意思与周围镜头上下文以及相关的视频有关，使得它比网络图像挖掘要复杂一些。本书将进行标签和用户评论的种子性分析，即从研究事件的文本起因关键字开始研究。此外，本书将研究、过滤和传播来自周围视频的元数据，为代表性片段选择合适的标签或描述来反映上下文和观点的变化。通过实现浏览界面的可视化代表性事件的迁移，可以帮助用户跟踪话题的发展。

（三）线索话题

构造线索话题的目的是构造一个用于描述视频间依赖性的结

构。传统的新闻视频有对应的语音脚本，而对于网络视频而言，因为用户上载的视频数量众多，无论是在文本方面还是在视觉角度其内容都是丰富多样，而且噪音较大，使得构造线索话题这个工作在此是极具挑战性的。本书将提出新颖的方法来监测事件的发展，方便用户浏览事件，并发现事件之间的联系与结构。本书将研究突发性特征，并根据突发性特征的不同性质挖掘出话题中的事件。除了文本关键字可作为突发性特征，视觉近似关键帧也可作为突发性特征，最后本书将使用多模态融合的方法将两者有机结合起来，以达到准确检测事件的目的。话题主线条检测主要用于连接在不同时间点按事件发生先后顺序发生分离的突发性事件。接下来的任务是根据语义将事件连接起来，包括非突发性事件，最终生成一个以图的形式表示的话题线索结构来描述话题的发展。这个任务的核心步骤是重复性/新颖性检测，以确定事件/视频之间的关联度。本书将基于近似图像/镜头以及周围的文本（如标题、标签，描述以及评论）来进行大规模的链接分析，发现事件之间的依赖度，以及突发性和非突发性事件。对于部分近似视频，其近似度将用来衡量事件/视频之间的相关度。对于周围的文本，传统的向量空间模型（如余弦距离）和语言模型将会用于测量文本之间的相关度。由于文本信息存在模糊性和多样性，通过文本建立的链接可能存在错误，甚至是误导。可用外部资源来减轻这个问题，如维基百科、谷歌的"梦幻罗盘"、它链接相关的搜索关键字/短语、可用以减轻并丰富通过视频链接而建立的话题结构，最终形成一个图形化的话题结构图。与此同时，事件的文字描述与代表性视频镜头均显示，以一种清晰的结构呈现出结果。对于发展的新闻话题，这个建立起的结构较为复杂，其中混杂着逐渐发展的突发性事件，以及一些细枝末节的事件。对于周期性的话题，如每周定期的足球比赛，这个结构可能相对简单些，即为一些突发事件的链式结构。而对于娱乐类的话题，如电影宣传片，这个结构可能更加简单，因为这期间有许多近似视频或者部分近似片段。

（四）网络犯罪

计算机的普及和网络技术的飞速发展，给网络犯罪的监控带来了全新的挑战。网络的开放性、匿名性、高速性和跨地域性等特点，使得网络犯罪更加难以监控。为了在海量数据中更好地对网络犯罪事件进行监控，本书将探索面向关键点的检测方法，通过关键人物和关键传播次数进行检测，快速发现网络犯罪突发事件，使得相关部门可以及时介入，从而使得社会损失降到最低。

网络犯罪现状

20世纪末，随着计算机和通信技术的快速发展，人类迎来了信息时代。在人们享受着信息时代带来的便利的同时，网络犯罪数量也呈爆发趋势。如图5—1所示，"1998年到2013年，中国公安机关办理的网络犯罪数量以指数增长"[①]。

2013年中国网络犯罪事件数量达14.4万件。网络犯罪事件不仅数量庞大，而且其社会危害性极大。与传统犯罪相比，网络犯罪具有危害更强、破坏力更大且持续时间更持久的特点，针对网络犯罪突发事件监控的研究迫在眉睫。

由于"网络犯罪涉及法学、信息学和计算机科学等多个学科，

---

① 周斌文：《网络犯罪高压之下仍逆势增长，犯罪链条日渐成熟》，《法制日报》2014年11月25日。

并且很多学者已做了大量研究"[1][2][3][4][5][6][7][8][9][10][11][12]，所以多学科的交叉研究是一个不可避免的趋势。下面分别从不同学科对网络犯罪进行分析：

（1）法学

从法律的研究方面来看，中国的网络安全法律还很不完善。由于中国网络安全法研究开始得较晚，而且在互联网发展的初期对网络安全的重视不足，所以"现在中国的网络安全法律存在很多问题"[13]：

---

[1] 陆晨昱：《我国网络犯罪及防控体系研究》，硕士学位论文，2008年，第10—30页。

[2] 李彬：《传播学引论》，2003年8月第二版，第5—20页。

[3] 程学旗、靳小龙、王元卓等：《大数据系统和分析技术综述》，《软件学报》2014年7月第25期第9版。

[4] 齐战胜：《数据挖掘技术在计算机犯罪取证中的应用》，硕士学位论文，内蒙古科技大学，2011年6月，第10—30页。

[5] 李德仁、张良培、夏桂松：《遥感大数据自动分析与数据挖掘》，《测绘学报》2014年12月第43卷第12期。

[6] 宋俊雅：《论我国网络犯罪刑法立法的缺陷及完善》，河南大学硕士学位论文，2013年5月，第10—25页。

[7] 卓翔：《网络犯罪若干问题研究》，博士学位论文，中国政法大学，2004年5月，第20—45页。

[8] 陈凯：《网络突发事件的传播算法及干预对策研究》，硕士学位论文，2010年10月，第10—30页。

[9] 陆晨昱：《我国网络犯罪及防控体系研究》，硕士学位论文，上海交通大学，2008年11月，第10—40页。

[10] 叶金珠：《网络突发事件蔓延及干预研究》，博士学位论文，华中科技大学，2012年10月，第25—50页。

[11] 楼巍：《面向大数据的高维数据挖掘技术研究》，博士学位论文，上海大学，2013年9月，第22—55页。

[12] 刘守芬、房树新：《八国网络犯罪立法简析及对我国立法的启示》，《法学杂志》2004年9月第25卷。

[13] 宋俊雅：《论我国网络犯罪刑法立法的缺陷及完善》，硕士学位论文，河南大学，2013年5月，第20—40页。

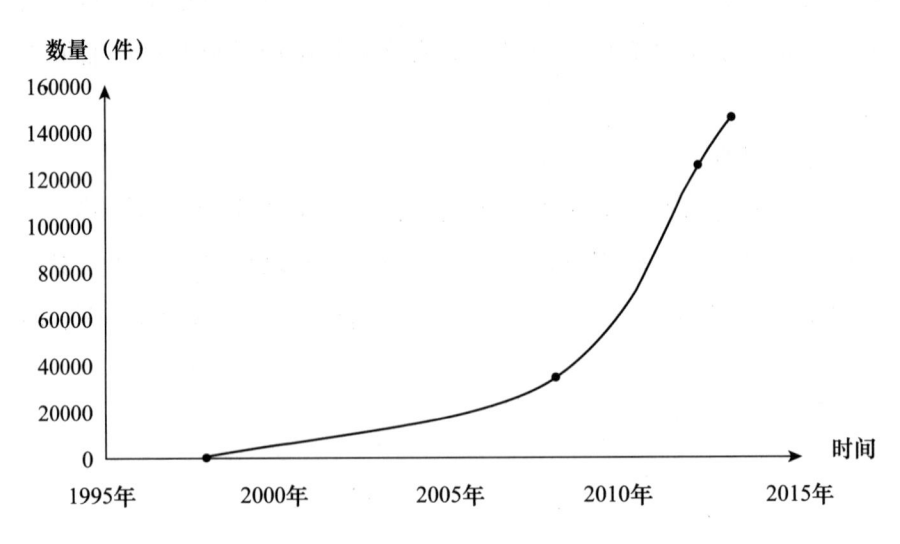

图 5—1　中国公安机关办理网络犯罪案件数量随时间变化图

①犯罪主体定义不明

我国刑法的犯罪主体是指实施危害社会的行为、依法应受刑罚处罚的人，包括自然人和单位。但是对于计算机这种新兴事物，年轻人的兴趣远高于老年人，所以网络犯罪近年来有低龄化的趋势。而中国的刑罚并没有对未成年人网络犯罪进行特殊的规定，所以可能有不法分子利用未成年的弱点进行网络犯罪而钻了法律的空子。网络犯罪也不同于传统的有严密组织的犯罪，网络犯罪的主体一般是个人或者因为兴趣相同而走在一起的松散的组织，对于这种组织的性质，中国刑法也没有对其给予明确的规定。

②犯罪主观方面规定不全面

中国的刑法将网络犯罪的主观方面限定为故意，这就使犯罪主体是否是过失犯罪存在很大的争议。计算机作为一种高技术性产品，导致人们对它进行操作本身就存在着一定的偶然性，所以如果不明确定义故意犯罪和过失犯罪，就很有可能让不法分子逃脱法律的束缚。

③刑罚配置过低

中国的刑法对计算机网络犯罪的处罚较轻，举例来说"对非法入侵计算机系统罪的最高刑是3年有期徒刑"，这相对于传统犯罪的处罚来说已经比较轻了。处罚轻、危害大，就会导致中国法律无法对不法分子形成有效的遏制。

④对跨境犯罪的规定不够

万维网是一种全球网，所以用户你可以在家就访问到各国的网站，犯罪分子当然也可以在家就对全球任一地方实施犯罪。所以说，跨国网络犯罪发生的概率比传统犯罪大很多。但是按照中国刑法的规定"外国人在境外对中国或中国公民犯罪必须满足最低刑为3年以上有期徒刑，且依犯罪地法律应受处罚"才适用于中国刑法。这种规定只能约束必须实地操作的跨国传统犯罪，对跨国网络犯罪的威慑很小。而且因为不同国家的法律有很大差异，所以跨国犯罪本来就是难以治理的一个问题，更何况是更加隐蔽的网络跨国犯罪。虽然联合国将计算机犯罪归为17类跨国犯罪之一，但是依然无法有效地控制计算机跨国犯罪的猖獗。而且因为中国还属于发展中国家，其网络安全技术比一些发达国家要差，所以，中国的境外网络犯罪现象十分严重。公安部表示：面向我国境内网民90%以上的诈骗网站、钓鱼网站、赌博网站的服务器均位于我国境外。所以中国应当与其他国家合作，加强对跨境网络犯罪进行打压。

"国外的较为成熟的立法模式有：专门立法模式（美国），政府管制与行业监督相结合的模式（英国），立法、执法与专业化监督并重的模式（日本），风险分析的审慎监管与法律防控模式（德国）"[①]，但是由于社会制度和国情的不同，中国的网络安全立法也就绝不能照搬国外。

---

① 徐汉明、张乐：《大数据时代惩治与预防网络金融犯罪的若干思考》，《经济社会体制比较》2015年第3期总第179期。

随着社会对网络安全的不断重视，不少学者也在网络安全立法方面提出了很多建设性意见。比如："中国的立法应当加大政府的监督力度，发挥政府在多元治理中的主导作用"①。而且网络犯罪的监控预防必然需要监视互联网中的数据，这与隐私权有一定的冲突，但是因为网络安全的重要性，所以"必须坚持安全优先，兼顾自由的基本原则"②。对于国际性的网络犯罪，"可以尝试建立打击网络犯罪的国际常设机构"③。

（2）信息学

与传统的信息传播相比，网络信息传播速度更快、数据量更大，所以它的监控难度也更大。而且网络信息传播具有很大的辐射范围和影响力，不像电报、电话，只有一个人能收到。

在网络信息传播方面，因为中国国民从众心理很强，敢于质疑的人很少，所以"虚假的网络信息很容易在某些不法分子的刻意引导下形成沉默的螺旋"④以及产生聚集效应，这样的话，虚假信息经过大量传播之后，就会让人以为是真实的，这种"三人成虎"的效应在中国体现得非常明显，特别是在网络这种难辨真伪的虚拟平台上。所以本书将着重研究具有社会危害的虚假信息的防控技术。

（3）计算机科学

网络犯罪突发事件的监控一般会被用到数据挖掘技术和突发事件检测技术。"现有的一些基于突发词聚类的微博突发事件检测方

---

① 徐汉明、张乐：《大数据时代惩治与预防网络金融犯罪的若干思考》，《经济社会体制比较》2015年第3期总第179期。
② 徐汉明：《网络治理：安全优先，兼顾自由》，《中国社会科学报》2014年6月27日第A07版。
③ 徐柱：《论网络犯罪及其预防》，硕士学位论文，吉林大学，2005年，第22—40页。
④ ［德］伊丽莎白·诺尔-诺伊曼：《沉默的螺旋》，董璐译，北京大学出版社2013年版，第1—20页。

法"[①]"基于关系数据模型的网络数据挖掘"[②]可以胜任一般的含有少量信息的网络检测。但是在大数据时代,这些简单的网络检测及数据挖掘方法就显得捉襟见肘了。所以说在现在的大数据环境下,只有借助大数据这种工具的检测方法才能起到相应的作用。比如:"大数据环境下数据挖掘的相关方法"[③],此方法创新性地引入了基于 Spark 的并行数据挖掘算法,利用数据流中间件,快速处理大量的数据,以满足大数据时代下的要求。

另外,在大数据背景下,与传统犯罪相比,中国的网络犯罪又呈现出新的特性:

(a)网络犯罪的低成本性:由于计算机的普及,网络犯罪仅仅只需一台连上了互联网的个人计算机就可以完成,而这些东西的成本已经远远低于传统犯罪所需的成本,网络犯罪的这种低成本性会导致网络犯罪的普遍性大大增加。

(b)网络犯罪的跨地域性:计算机网络是一种全球性的万维网,计算机犯罪者只用待在家里,就可以在所有计算机网络可以到达的地方进行犯罪活动,这种跨地域的犯罪具备所有传统犯罪所不具备的特点。这也导致了在现实世界中传统的监控方法在网络犯罪的监控中会有很大的局限性。

(c)网络犯罪的瞬时性:计算机信息在网络中几乎是以光速传播的,这就意味着如果不能在网络犯罪产生之前就遏止它的话,网络犯罪的危害性从其开始之时就已经产生了。但是网络犯罪在其产生之前就被发现几乎是不可能的,所以本书对于网络犯罪的防护就

[①] 郭跟秀、吕学强、李卓:《基于突发词聚类的微博突发事件检测方法》,《计算机应用》2014 年第 34 卷第 2 期,第 486—490 页。

[②] [美]维克托·迈尔－舍恩伯格:《大数据时代》,袁杰译,浙江人民出版社 2013 年版,第 50—100 页。

[③] 樊嘉麒:《基于大数据的数据挖掘引擎》,硕士学位论文,北京邮电大学,2012 年 11 月,第 20—40 页。

只能是适时的弥补，相应的这种弥补当然是越快越好，所以传统的低速、低准确性的防护手段肯定会被泯灭在大数据的浪潮之中。

（d）网络犯罪的隐蔽性：互联网只是一个虚拟的社会，所以在互联网上的犯罪者的身份也是虚拟的。在互联网中，本书不可能像现实社会中给每一个人分配一个身份证，况且一个现实的人也可以在互联网中拥有多个虚拟身份。就算是IP地址，互联网犯罪者也可以通过各种手段逃脱追捕。这种高隐蔽性从客观上就为网络犯罪提供了发展的温床。

（e）网络犯罪的高危害性：随着"互联网+"时代的到来，无论是低危害的服务业、旅游业、文化体育业等行业，还是那些涉及国家社会稳定的金融、政治、石油、电信等行业都已经慢慢融入了计算机网络的浪潮中。这就使得网络的影响力会随着"互联网+"的发展而不断增加，同时网络犯罪的影响范围及危害也会随之增加。

（f）网络犯罪的高科技性：网络犯罪的实施者肯定是对计算机知识很了解的高技术人才，这些人不同于传统的犯罪者。传统的犯罪者一般是来自社会底层的，迫于生活压力才进行犯罪的。而网络犯罪者一般都是具有一定学历、知识储备、经济基础的人，它们进行网络犯罪不一定是出于经济目的，有可能是为了某些社会地位、个人利益甚至达到政治目的。这种犯罪的危害就不仅仅只是个人的经济损失了，而是有可能会影响到社会稳定。

在20世纪末21世纪初，互联网刚刚进入中国，中国的网络通信量少，通信速度慢，网络信息的价值低，所以那个时代的网络犯罪一般都是传播病毒、非法入侵计算机系统，犯罪的客体一般是计算机本身。但是随着大数据时代的来临[1]，信息的重要性日益凸显，

---

[1] 李万彪、余志、龚峻峰等：《基于关系数据模型的犯罪网络挖掘研究》，《中山大学学报》，2014年9月第53卷第5期。

网络犯罪的客体也慢慢从计算机硬件转变为了计算机中的数据和网络中传播的信息[①]。

1. 关键点防控体系研究

（1）司法防控

司法防控离不开两点：立法与执法。

在立法方面，本书应该立足于中国的基本国情，适当借鉴其他国家法律的优点，坚持依法治国的基本方略，提出适合于中国特色的网络安全法律。中国的法律要特别注意明确犯罪主体、细化犯罪种类。特别是现在网络犯罪低龄化的趋势明显，如果不明确犯罪主体的年龄等特征，很有可能让一些犯罪分子钻了法律的空子。

在执法方面，最重要的是严格执行"违法必究""执法必严"，以免网络犯罪的法律形同虚设，只有这样才能打消犯罪分子的侥幸心理，树立网络犯罪法的威严。

（2）道德约束

道德和法律是约束人的行为规范，维护社会秩序的重要手段。但是法律是严谨的，不可能覆盖所有的社会现象，也不可能根据犯罪方法的改变而实时更新。所以在法律无法约束的地方就只能靠道德来约束人的行为。中国尚处于发展中国家，所以市井之气和小市民心态十分严重，道德水准也不高。所以在网络犯罪这种刑法覆盖不足的社会现象上，就更应当提高道德约束的影响力。中国应当加大对防治网络犯罪的宣传，强调网络犯罪的违法性。让群众充分意识到网络犯罪与传统犯罪一样也是违反道德的，让群众自发地抵制网络犯罪。

---

① 李万彪、余志、龚峻峰等：《基于关系数据模型的犯罪网络挖掘研究》，《中山大学学报》，2014年9月第53卷第5期。

(3) 社会防控

在谣言的传播过程中，一般都是由极少部分的犯罪分子造出谣言，并发送了出去，而谣言的传播主要还是要借助于群众之手。群众之所以会帮助犯罪分子传播虚假的谣言，很大一部分原因是政府和主流媒体的公信力不够。在自媒体盛行和信息来源极广的今天，主流媒体的作用不仅仅是向群众传递信息，而是向群众传递真实的信息！但是，反观现在的主流媒体，为了提高点击量，不但经常在新闻标题上大做文章，有的甚至在网上传播未经证实的谣言。所以，在主流媒体失信的今天，人民群众没有了确切的信息来源，不能明确地分辨事实和谣言，所以就只能传播自己愿意相信的话，谣言也正是因此而起。

所以在网络犯罪谣言普遍的今天，最重要的不是技术上的防控，而是社会方面的防控。这对主流媒体与政府提出了很高的要求，如果主流媒体与政府拥有很高的公信力，那么当谣言四起时，只要政府出来澄清，谣言自然就会不攻自破了。

(4) 技术防控

由于网络信息的共享性，网络的信息传播是以指数型增长的。在信息产生之后的一小段时间内，由于信息的发送者较少，它们的辐射面也很窄，所以信息传播速度也会很慢。

但是，当信息传播了一段时间之后，因为信息的接收者也有可能变成信息的传播者，所以他们的辐射面就会呈爆炸式增长。本书假设每一个网络传输者传输给 100 个对象，每个人的信息受体中又有 10 个也会传播信息。

图 5—2 是在假设互联网用户影响力分别为 100 和 1000 的情况下的网络突发信息的影响力模型。本书先从 $y = 100^x$ 曲线开始分析，本书可以看到，当 $x = 7$ 时，曲线的增长速度极快。这也证明在信息传播的过程中，如果信息的传播次数突破某个值的话，信息

就会呈现爆炸式的增长。对比两条曲线可以看出，虽然用户的影响力只增长了十倍，但是网络突发信息影响力却相去甚远。这说明不同网络影响力的人对于网络传播速度也有很大的影响。这一点恰好符合维弗雷多·帕累托的二八定律，这也提示本书，应当把大部分的网络检测放在那20%的人身上。

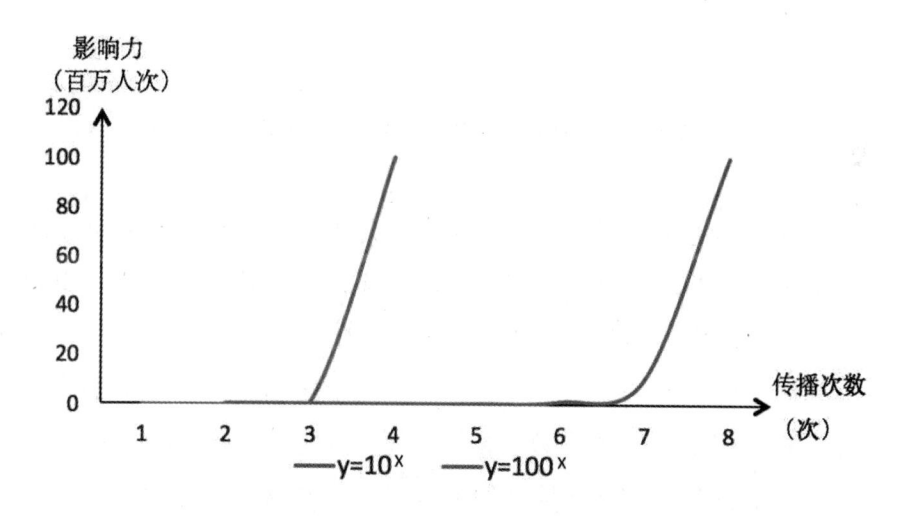

图 5—2 两种信息传播影响力对比图

本书从模型中可以得知信息的增长曲线具有一个爆炸点，这个爆炸点就是信息安全防控的关键点。如果本书可以在这个关键点之前发现并且清除那些具有社会危害性的消息，就可以把信息的影响力降到最低进而达到防控的目的。等到信息增长突破爆炸点之后，网络中的信息数据量就会很大，这时候再进行清除防控，工作量自然就会很大。

从信息学方面来看，本书根据"香农-韦弗传播模型"[1]（图5—3）可以发现，信息传播的五个必要因素：信源、发射器、信

---

[1] ［美］克劳德·艾尔伍德·香农：《通信的数学理论》，贾洪峰译，北京图灵文化发展有限公司2013年版，第20—35页。

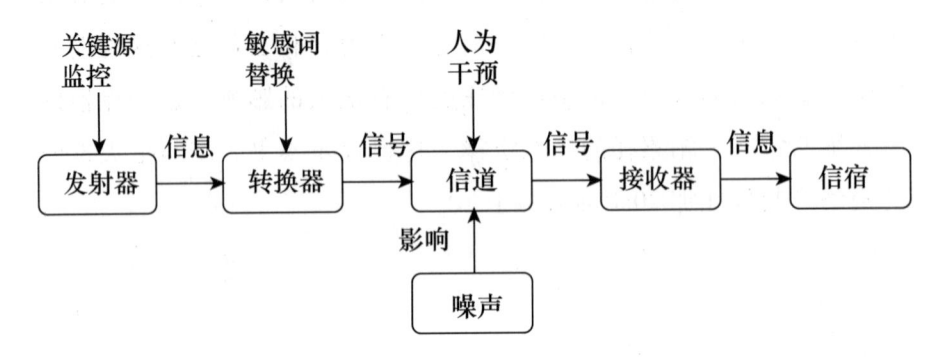

图 5—3 改进的"香农-韦弗"信息传播模型

道、接收器、信宿,以及一个影响因素:噪声。信宿和接收器是很难被本书影响的。所以为了阻碍网络犯罪信息的传播,本书可以致力于其余四点进行防控:信源、发射器、信道和噪声影响。

从以上的分析中,本书可以看出:决定网络突发信息影响力的主要因素是信息的传播次数、信息传播者的影响力和噪声的影响,也就是网络犯罪突发事件检测的关键点。针对这三个关键点,本书提出了三种网络突发信息的防控思路:

①针对信息传播中的关键人物,本书可以采用数据挖掘技术,从以往的网络犯罪突发事件的传播路径中找到那些网络影响力大的用户(例如:微博中关注上万的大V),他们就是信息传播中的关键点。对于那些在网络上影响力强的人,本书要对他们进行预防,因为经过他们传播的信息很有可能会被被影响者疯传,会使被影响者无条件地相信,这种网络影响力大的人就是网络中的定时炸弹。如果对网络影响大的控制得好,可以用以传播正确的信息,如若控制不好,则随时都有可能被引爆。对于那些信息来源广的人,本书可以对他们进行监控,他们就相当于网络信息收集器,对他们进行监控就足够预防。这种监控可以有效地减少监控数据的重复率,提高网络监控的效率。

②针对信息的传播次数，本书可以采用关键信息曲线对比法。网络犯罪突发事件具有很大的社会危害性的原因之一，是事件的突发性。既然是突发事件，那么它的传播速度一定很快，接近指数增长的理论值。所以本书可以监控网络中关键信息的流通量，提取出关键信息流通量的增长曲线，再把这种曲线和指数函数的图像进行对比，如果两条曲线的相似度很高，就可以初步判定这条信息属于网络突发信息，然后就对其进行更加细化的分析，从而检测该信息是否有可能危害社会安定。

③针对传播中的噪声影响，这里的噪声不是指狭义的信息在网络中由于网络传播环境不好而产生的干扰，而是指广义的影响信息传播的外在因素。比如：本书可以采用信息拮抗的方法，在检测到网络犯罪信息的突发却无法及时溯源并且阻止其传播的话，就可以利用官方渠道发布具有吸引力的消息，并利用网络推手进行传播，利用这些消息来抵抗虚假犯罪消息的传播。

随着信息技术的不断发展，人们对网络安全的要求也越来越高。在大数据时代，由于信息的价值越来越高，网络信息传播及网络犯罪的防控是一个很重要的项目。本书将提出一种新颖的面向关键点的信息监控方式，虽然这种监控方法只是一个大概的框架，还有很多技术性的问题没有解决，但是本书希望这种新方法可以为业界对于网络安全的防控找到一种新的思路，可以促进网络犯罪防控技术的进步。由于中国国情的特殊性，如果中国的网络犯罪防控一定要靠本书自己解决，后期本书也会致力于具体监控方法的研究，以提出一个具体的、适用性广的网络犯罪突发事件防控体系。

随着多媒体相关技术的不断提高，更多优秀成果将会不断涌现，相信多媒体信息检索一定会给人们带来更多的惊喜与体验。

（5）网络拼车

随着中国经济的崛起，老百姓越来越富裕，买私家车的人也迅速增多。但是，由于中国人口数量巨大，使得私家车数量也日益庞大，由其造成的道路拥堵和尾气污染等问题也日益严峻。与此同时，网约车拼车以其方便乘客出行和充分利用私家车资源的特点，受到用户的欢迎。网约车拼车指具有相同方向、相似线路的乘客乘坐同一辆网约车。网约车拼车利用先进的GPS定位技术通过互联网平台手机软件连接司机和乘客，采用同时搭载多个顺路乘客的方式，提高了载客效率。网约车具有很多优点：①网约车连接私家车司机和乘客，使得用户出行更加方便也使更多闲置的资源得到了有效利用；②拼车时乘客只需支付较少的费用，降低乘客的出行成本，同时司机可以开一次车载多个客，增加司机的收入。更高的乘客率、更少的空车率和更高的车辆使用效率有利于缓解城市交通拥堵。③随着网约车的合法化和规范化，乘客在拼车时能够得到有效的法律保障，降低了出行的安全风险。总之，网约车拼车体现了分享经济的一种出行方式，它有利于提高交通资源的利用，对于缓解城市交通拥堵，减少环境污染，加速城市化进程，具有积极的意义[1]。因此，网约车拼车作为一种提高交通资源利用率的出行方式，在中国得到社会的广泛关注，也使得拼车问题成为新的研究热点[2]。然而，在实际的拼车过程中，乘客和司机经常会面临两个问题：一方面乘客们往往需要额外绕行一段距离和耗费相应的时间来实现拼车，甚至有时同时参与拼车的两名乘客的目的地方向截然相反；另一方面司机在面对众多的拼车请求时，难以快速选择一项对于司

---

[1] Xiaoting Wang, Christopher Leckie, Hairuo Xie, "Tharshan Vaithianathan. Discovering the Impact of Urban Traffic Interventions Using Contrast Mining on Vehicle Trajectory Data" Lecture Notes in Computer Science, Vol. 9077, 2015.

[2] Álvaro Ribeiro, Daniel Castro Silva, Pedro Henriques Abreu, "MoCaS: Mobile Carpooling System" Advances in Intelligent Systems and Computing, Vol. 353, 2015.

机、乘客来说最优的方案[①]。由于没有准确有效的拼车系统支撑，造成包括乘客和司机在内的整个拼车过程不能高效运行，这对于乘客和司机来说都是不必要的损失[②]。经研究，发现对于拼车模型的设计有很多种，较为合理有效的一种是基于豪斯道夫（Hausdorff）距离的拼车模型[③]。豪斯道夫距离可以很好地计算两个点集合之间的距离，因此可以被用来计算两条轨迹间的距离。然而现实中两条乘客的行车路径是有序且有时间限制的，豪斯道夫距离只能解决无序点集合之间的距离。为此，本书在模拟乘客行车路径时候采取了转向点的概念，通过对已提取的路径转向点加上时间限制将问题转化成了三维坐标下的有序点集的豪斯道夫距离。最终实验的模拟结果同其他相关研究结果对比证实：本书针对拼车问题提出的基于时间约束和轨迹线划分的豪斯道夫距离的拼车方法更加准确有效。

1. 相关研究

拼车问题的关键在于多个乘客出行路径匹配的问题。静态拼车问题一般被建模为 VRPPDTW 问题（vehicle routing problem with pickup and deliveries and time windows），用启发方式进行分配[④]。由于缺少有效的信息技术和通信技术的支持，拼车请求匹配列表的自动生成问题遇到瓶颈。随着智能交通系统 ITS、地理信息系统 GIS、GPS 定位技术以及移动通信技术的发展，无规律的个人的动态拼车

[①] Huang Y, Powell J W, "Detecting regions of disequilibrium in taxi services under uncertainty" In Proceedings of the 20th International Conference on Advances in Geographic Information Systems. New York, November 2012.

[②] Jia Yao, Anthony Chen, Seungkyu Ryu, Feng Shi, "A general unconstrained optimization formulation for the combined distribution and assignment problem" Transportation Research (Part B), Vol. 59, No. 1, 2014.

[③] Cao Yanyan, Cui Zhiming, Wu Jian, Sun Yong, et al, "An improved Haussdorff distance and spectral clustering vehivle trajectory pattern learning approach" Computer Applications and Software, Vol. 29, No. 5, 2012.

[④] Zhang, X., Ouyang, M. & Zhang, X, "Small scale crowd behavior classification by Euclidean distance variation-weighted network" Multimedia Tools and Applications, Vol. 75, No. 19, 2016.

请求可以在需要的时候被及时提出①。调度中心可以通过 ITS 技术得到司机的位置和运动轨迹,并且能实时获取移动用户的位置和需求②。文章提出基于路径规划和探索未知环境优化技术的多智能体系统,在学习路径规划上实验成功③。文章用基于任务调度中的 Sufferage 算法原理来解决动态拼车调度问题,但是这种方法仅考虑了最小执行时间 MET(Minimum Execution Time)并没有考虑多起点到多终点("many-to-many")路径之间的拟合度④。

为了解决多起点到多终点问题邵增珍等⑤提出匹配度聚类调整车辆路线以将更多乘客划分到某辆车上,然后利用先验聚类对车辆内部乘客上下车顺序排序,最后采用迁入迁出策略进一步优化拼车方案。由于豪斯道夫距离可以用来计算两个点集之间的距离,因此它被许多学者用来计算两条路径间的距离,利用豪斯道夫距离将路径匹配度量化⑥⑦,文章提出一种基于豪斯道夫距离的双谱聚类算法并成功地将其运用到车辆轨迹分析⑧。文章提出基于改进的豪斯道夫距离的分配算法,利用基于匹配度的聚类方法得到最优匹配的

---

① Bulent catay,"A new saving-based ant algorithm for the Vehicle Routing Problem with Simultaneous Pickup and Delivery" Expert Systems with Applications,Vol. 37,2010.

② Tang L L, Zheng W B, Wang Z Q, et al,"Space time analysis on the pick- up and drop off of taxi passengers based on GPS big data" Journal of Geo- Information Science,Vol. 17,No. 10,2015.

③ Feng Tian,"Dynamic Taxipooling Scheduling Algorithm Based on Sufferage" Computer Knowledge and Technology,Vol. 28,No. 7,2011.

④ Zhang,X.,Chen,G.,Han,Y. et al,"Modeling and analysis of bus weighted complex network in Qingdao city based on dynamic travel time" Multimedia Tools and Applications,December,Vol. 75,No. 24,2016.

⑤ Feng Tian,"Dynamic Taxipooling Scheduling Algorithm Based on Sufferage" Computer Knowledge and Technology,Vol. 28,No. 7,2011.

⑥ Zhang,X.,Ouyang,M. & Zhang,X,"Small scale crowd behavior classification by Euclidean distance variation-weighted network" Multimedia Tools and Applications,Vol. 75,No. 19,2016.

⑦ Zhang,X.,Chen,G.,Han,Y. et al,"Modeling and analysis of bus weighted complex network in Qingdao city based on dynamic travel time" Multimedia Tools and Applications,December,Vol. 75,No. 24,2016.

⑧ Zafar,K. & Baig,A. R,"Optimization of route planning and exploration using multi- agent system" Multimedia Tools and Applications,Vol. 56,No. 2,2012.

拼车需求[①]。文章提出一种基于时间约束的豪斯道夫距离的时空轨迹相似度量[②]，利用滑动窗口（Sliding Window）对文献［161］中的算法进行了改进。然而，上述研究均是利用豪斯道夫距离的算法解决路径匹配问题（Path matching），然而在结合豪斯道夫距离和拼车问题时仍面临以下挑战：（1）豪斯道夫距离所定义的转向点（Direction Point）序列是无序的，然而乘客乘车路径的转向点序列是有序的，如何将转向点序列有序化有待进一步研究；（2）乘客乘车路径的时间轨迹和空间轨迹是一一对应的，因此豪斯道夫距离的时间约束如何定义和分析成为难点；（3）目前广泛应用的豪斯道夫距离拼车算法在路径匹配上误差较大，有待进一步提高。针对上述情况，为了将有序化转向点序列，合理引入时间约束，并且尽可能提高成功率，本书提出一种基于时间约束和轨迹线划分的三维时空轨迹相似度量的拼车算法，通过转向点轨迹线动态分析两条轨迹各子轨迹之间的豪斯道夫距离，来判断目标轨迹的拟合程度，根据所有待选目标轨迹的拟合程度排名选出最优匹配方案。

2. 相似轨迹匹配模型

（1）预处理

由于整个拼车车辆轨迹计算量大且计算过程比较复杂，不利于拼车路径匹配分析与计算，于是利用转向点思想，及通过 GPS 卫星定位系统获得车辆具体位置时，当车辆行驶角度发生改变，计算相邻点的方向角度差：

$$\Delta\delta = |\, GPS_{Direction_i} - GPS_{Direction_j} \,| \qquad (5—1)$$

其中 $GPS_{Direction_i}$ 为拼车路径中的点 i 在 GPS 定位系统中的方

[①] Shao Zeng-Zhen, Wang Hong-Guo, Liu Hong, et al, "Single Carpooling Problem Based on Matching Degree Clustering Algorithm" Journal of Software, Vol. 23, No. 2, 2012.

[②] Xiao Q, He R C, Zhang W, et al, "Algorithm research of taxi arpooling based on fuzzy clustering and fuzzy recognition" Joural of Transportation Systems Engineering and Information Technoloy, Vol. 14, No. 5, 2014.

向角。

若 $75° < \Delta\delta < 105°$ 或 $165° < \Delta\delta < 195°$ 或 $255° < \Delta\delta < 285°$，则判定该点为转向点。通过提取行驶轨迹中的所有转向点、初始点和终点，根据时间顺序排列形成转向点序列，从而提取、重构、简化车辆轨迹路径，压缩为带时间节点的转向点序列 $\{(L_i, K_i, t_i)\}$，任意两转向点之间形成的子轨迹方向不变，因此通过提取两个转向点即可还原轨迹路径的时间特征与方向特征，这在大大减少了计算量的同时为之后的拼车路径相似度匹配做了良好的数据准备。

（2）轨迹相似度匹配

①豪斯道夫距离

传统豪斯道夫距离是用于衡量两个无序集合之间的相似程度，它也可以作为两个集合之间距离的一种定义形式：假设有两组集合 $A = \{a_1, a_2, \cdots, a_n\}$ 和 $B = \{b_1, b_2, \cdots, b_n\}$，则这两个集合的豪斯道夫距离可以被定义为：

$$H(A,B) = max(h(A,B), h(B,A)) \quad (5-2)$$

其中，$\forall a_i$，$a_i \in A$，$\forall b_j$，$b_j \in B$ 使得 $dist(a_i, b_j) < H(A, B)$，即：

$$h(A,B) = max_{a_i \in A}(min_{b_j \in B} \| a_n - b_m \|) \quad (5-3)$$

$$h(B,A) = max_{b_j \in B}(min_{a_i \in A} \| b_m - a_n \|) \quad (5-4)$$

$h(B,A) = max_{b_j \in B}(min_{a_i \in A} \| b_m - a_n \|)$ 其中，$\| b_m - a_n \|$ 为点集 A 与点集 B 之间的距离范式，即对 B 集合中的每个点 b_m 到距离此点最近的 A 集合中的点 a_n 的距离 $|b_m - a_n|$，进行排序选取距离中的最大值作为 $h(B,A)$。双向的豪斯道夫距离 $H(A,B)$，是单向豪斯道夫距离 $h(A,B)$ 和 $h(B,A)$ 的较大者，它度量了不同的两个点集之间的最大不匹配度。

②改进的豪斯道夫距离

目前，有关利用豪斯道夫距离来进行路径匹配的研究，大都着眼于匹配双方的相对距离，而并没有涉及时间概念。所以当引入时间序列之后，原有的研究方法便不太合适。从定义上来说，豪斯道夫距离所针对的对象本是无序的点集，但是在引入时间这一参数之后，点集必然在时间轴具有先后顺序，因此对象由无序的点集转化为了有序的点集。

为了解决有序性和时间相关性的问题，本书提出一种结合时间轴的三维豪斯道夫距离计算方法来解决该问题。根据豪斯道夫距离定义，需计算路径 A 上的任意一轨迹点 P 到路径 B 的最短距离，现采用三维坐标的概念来表示。首先，建立经度、纬度和时间轴的三维坐标系。其次，将路径刻画于坐标系上。其中 L 轴为经度，K 轴为纬度，t 轴为时间轴，引入轨迹点的概念，并用坐标（L，K，t）进行表示。最后，路径由线段转化为点的集合来表示，如图 5—4 所示。

现将路径 A 与 B 代入坐标系中，如图 5—4 所示。取 A 中的一任意轨迹点 a，按照豪斯道夫距离的定义，由公式 5—2，可计算得到豪斯道夫距离，但由于引入了时间轴，目前的路径的相似度匹配的计算结果是部分依赖于时间的。同时，时间作为一种变量，其本身性质与经度纬度是不同的，换言之，时间对最后的计算结果的影响是与经纬度无关，具有一定的独立性。因此为了对其进行描述，并将其影响体现在改进的豪斯道夫距离中，用 T 来表示司机到达拼车点的绕路系数[①]。这是一种时间属性的因素，表示司机到达拼车点的预估用时所让顾客付出的代价。

针对于时间因素对豪斯道夫距离的影响，本书采用分段描述的

[①] Liu Chun, Tan Mengxi, Shao Xiongkai, Et Al, "Carpooling algorithm research based on location data mining" Computer Engineering and Applications, Vol. 12, No. 31, 2015.

▶ 跨媒体网络事件检测与跟踪研究

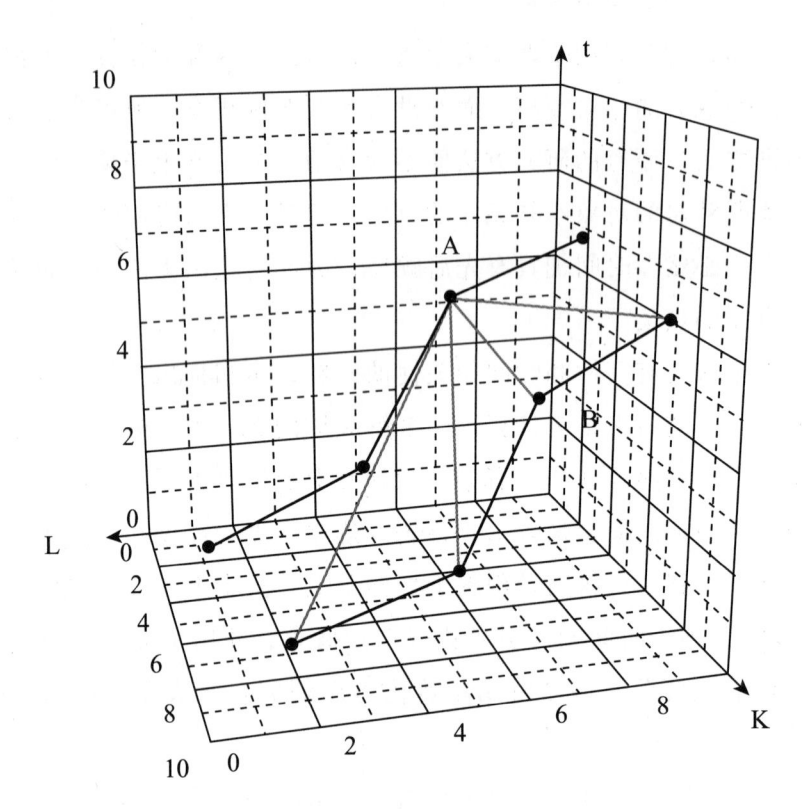

图5—4 具有时间约束的 A、B 路径示意图，
其中 L 代表经度，K 代表纬度

方式对其进行精确刻画，此外还考虑到时间变量在计算中与其他变量的无关性，将其计算公式独立出来。同时，由于时间与距离的度量不同，不能直接相加，因此借助距离等于速度乘以时间这一基本概念，预设一参数速度 V，来对 T 进行度量上的转化。在 V 的预设值上，应根据不同实际情况，采用不同的值，本书中代入 V 的值 23.3 千米/时。因此控制经纬度坐标，代入实验数据，根据所得曲线有：

$$T = \begin{cases} \dfrac{|t_1 - t_2|}{2}V & 0 < |t_1 - t_2| < 10 \\ 5\log_{10}|t_1 - t_2|V & 10 \leq |t_1 - t_2| \end{cases} \quad (5\text{—}5)$$

综上,提出了改进的豪斯道夫距离算法来计算引入时间概念的轨迹之间的匹配度。

$$H(Tr_A, Tr_B) = max(h(Tr_A, Tr_B), h(Tr_B, Tr_A)) \quad (5\text{—}6)$$

其中,$\forall a_i$,$a_i \in A$,$\forall b_j$,$b_j \in B$ 使得 $dist(a_i, b_j) < H(Tr_A, Tr_B)$,即:

$h(Tr_A, Tr_B) =$

$$\begin{cases} max_{a_i \in A}\left(min_{b_j \in B}\left(\sqrt{(L_{a_i} - L_{b_j})^2 + (K_{a_i} - K_{b_j})^2} + \dfrac{|t_{a_i} - t_{b_j}|}{2}V\right)\right) \\ max_{a_i \in A}\left(min_{b_j \in B}\left(\sqrt{(L_{a_i} - L_{b_j})^2 + (K_{a_i} - K_{b_j})^2} + 5\log_{10}|t_{a_i} - t_{b_j}|V\right)\right) \end{cases}$$

$$(5\text{—}7)$$

$h(Tr_A, Tr_B) =$

$$\begin{cases} max_{a_i \in A}\left(min_{b_j \in B}\left(\sqrt{(L_{a_i} - L_{b_j})^2 + (K_{a_i} - K_{b_j})^2} + \dfrac{|t_{b_j} - t_{a_i}|}{2}V\right)\right) \\ max_{a_i \in A}\left(min_{b_j \in B}\left(\sqrt{(L_{a_i} - L_{b_j})^2 + (K_{a_i} - K_{b_j})^2} + 5\log_{10}|t_{b_j} - t_{a_i}|V\right)\right) \end{cases}$$

$$(5\text{—}8)$$

3. 基于转向点轨迹线的相似轨迹匹配

针对传统拼车匹配中的时间约束同线路匹配质量问题,本书提出了一个基于关键点轨迹线的相似轨迹匹配算法来实现更小的轨迹复杂度、更少的绕路时间以及更高的相似路径的匹配方案,具体算法如表5—1所示。

表 5—1　　基于关键点轨迹线的相似轨迹匹配算法表

算法　基于关键点轨迹线的相似轨迹匹配
输入：轨迹 A 的子转向点序列 $Tr_A = \{(L_{A_L}, K_{A_L}, t_{A_L}), (L_{A_R}, K_{A_R}, t_{A_R})\}$，轨迹 B 的子转向点序列 $Tr_B = \{(L_{B_L}, K_{B_L}, t_{B_L}), (L_{B_R}, K_{B_R}, t_{B_R})\}$，轨迹线区间长度 L
输出：相似子轨迹的总长度 L_{sum}，轨迹间匹配度 ξ_k
（1）：初始化：$A_L = A_1$，$A_R = A_2$，$B_L = B_1$，$B_R = B_2$，
（2）：**while** (min{ $\|A_L A_R\|$, $\|B_L B_R\|$ }) ≠ 0 **do**
（3）：$L = \min\{\|A_L A_R\|, \|B_L B_R\|\}$;
（4）：$H(Tr_A, Tr_B) = \max(h(Tr_A, Tr_B), h(Tr_B, Tr_A))$;
（5）：**if** $H(Tr_A, Tr_B) < h_\infty$ **then**
（6）：$L_{sum} = L_1 + L_{sum}$;
（7）：**Output** L_{sum};
（8）：**end if**
（9）：$A_L = A_R, A_R = \{A \in \min\{A_R A_{Tnext}, B_R B_{Tnext}\}\}$;
（10）：$B_L = B_R, B_R = \{B \in \min\{A_R A_{Tnext}, B_R B_{Tnext}\}\}$;
（11）：**end while**
（12）：$\xi_k = \dfrac{L_{sum}}{\min\{\sum_1^{n-1}\|A_i A_{i+1}\|, \sum_1^{m-1}\|B_j B_{j+1}\|\}} - \sum_i^k f(\varepsilon_i)$;
（13）：**return** ξ_k

首先，根据本书所提出的基于时间约束的转向点算法提取所有转向点轨迹序列，A 的转向点序列 $Tr_A\{(L_i, K_i, t_i)\}$，B 的转向点序列 $Tr_B\{(L_m, K_m, t_m)\}$，轨迹按时间先后顺序压缩为转向点序列。其次，为了提高豪斯道夫距离度量的准确度，本书利用微元思想以及转向点轨迹线来划分转向点序列。对于关键点的选择，为防止转向点之间距离太大对豪斯道夫距离度量造成误差，本书在起止转向点之间选取了若干点，这些点包括起止转向点在内均以 βm 间隔。而转向点序列 Tr_A 和 Tr_B 中的每一个关键点

(L_m, K_m, t_m)，以该点为中心，沿纬度方向作垂线，这些垂线便为轨迹线。

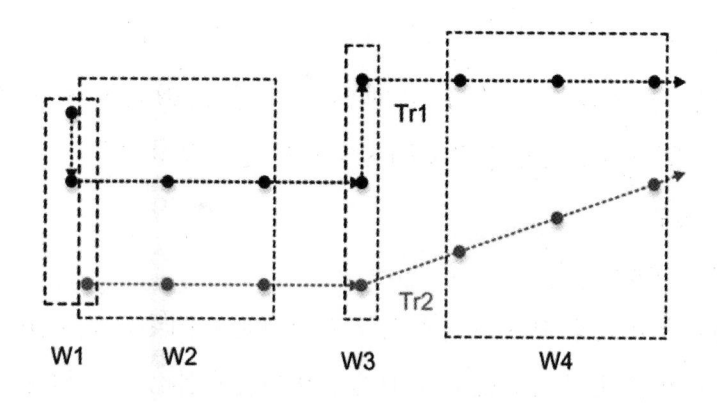

图5—5 轨迹线划分子轨迹示意

当轨迹方向从只沿经度变化转到只沿纬度变化时，该段在轨迹线之间的距离近似等于一个点，而一个点与一条路径显然是不匹配的，所以需要证明沿纬度方向轨迹线划分轨迹是合理的。h_∞为改进的豪斯道夫距离相似性度量临界阈值，用于衡量路径相似匹配的最大容错率。$A \in min\{A_R A_{Tnext}, B_R B_{Tnext}\}$为路径$A_R A_{Tnext}$与路径$B_R B_{Tnext}$距离更小者的终止点，$A_{Tnext}$与$B_{Tnext}$分别为路径A、B的下一个轨迹转向点。于是A、B两转向点序列被划分为若干转向点子轨迹，通过各轨迹线间形成的转向点子轨迹段来进行子轨迹间的相似度匹配，从而使两条路径中的所有转向点都参与到匹配计算中来，得到所有相似子轨迹的总长度，其所占匹配轨迹中较小长度的比例，与轨迹相似度标准阈值比较从而判断两条轨迹是否相似。

计算满足条件的子轨迹长度和得到相似轨迹之间的匹配度：

$$\xi = \frac{L_{sum}}{min\left\{\sum_1^{n-1}|A_i A_{i+1}|, \sum_1^{m-1}|B_j B_{j+1}|\right\} - \sum_i^k f(\varepsilon_i)}$$

(5—9)

其中，L_{sum} 为相似子轨迹长度和，$min\{\sum_{1}^{n-1}|A_iA_{i+1}|, \sum_{1}^{m-1}|B_jB_{j+1}|\}$ 为 A、B 两条轨迹长度的更小值，$\sum_{i}^{k}f(\varepsilon_i)$ 为各子轨迹之间豪斯道夫距离的影响程度。

通过对所有拼车方案中的路径轨迹相似度匹配度排序，$max\{\xi_k\}$ 所对应的拼车方案 k 则为实时最优的拼车方案。

4. 实验

（1）实验数据

通过随机选取中国湖北省武汉市行政道路图中民族大道、关山大道、南湖大道以及雄楚大道中的 670 条行车路线，模拟在同一搜索匹配周期内乘客的拼车需求，通过轨迹处理、路径相似度匹配得到最优的拼车方案。预处理：本书从谷歌地图获取武汉市城市道路图，如图5—6对其中的7000多条道路进行初筛选。鉴于城市出租车行驶距离一般为2公里到30公里，所以本书提取了2公里到30公里之间的路径，作为初步筛选的结果，总计有1000多条路线符合要求。接下来提取转向点。根据转向点的取值范围，经过处理后，本书得到整条路线的转向点序列。考虑到过多的转弯点在现实生活中很少出现，对于10个转向点以上的序列，本书予以舍弃。经过最终处理，本书得到了670多条有2个到10个点的转向点序列，其中60条为已上车用户的拼车路线，610条为待上车用户的拼车路线，作为本书轨迹预处理的输出结果如图5—7所示。

为了验证转向点选取的合理与必要性，本书将转向点提取前后的路径进行对比，由点集构成的路线处理为转向点序列后，每条路径的平均距离缩短0.3480千米，两者平均距离差值的标准差为0.6411千米，这说明距离的缩减不至于达到过于剧烈的程度，且波动范围小。经过多次试验发现，提取转向点后的数据处理运行时间比没有提取转向点的提高了 72.2%，尽管计算转向点会付出一定代价，但是整体运行时间的大幅度缩短保证了拼车匹配调度的实时性，减轻了服务器运算的开销与负担。

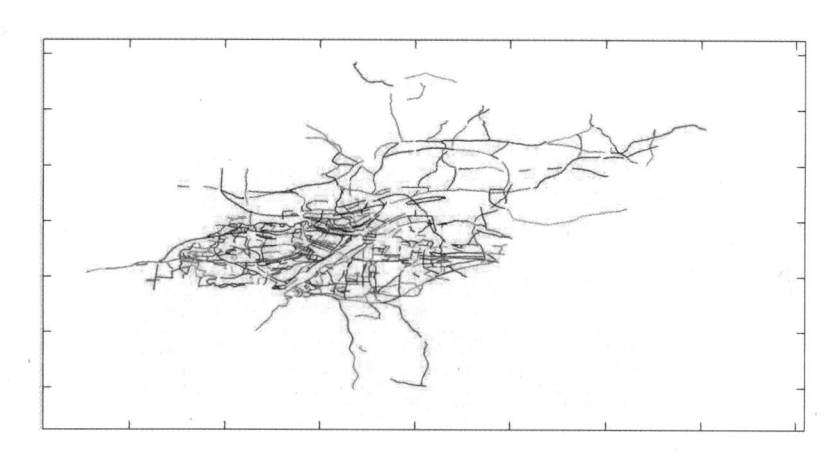

图 5—6　原始的武汉市道路分布图

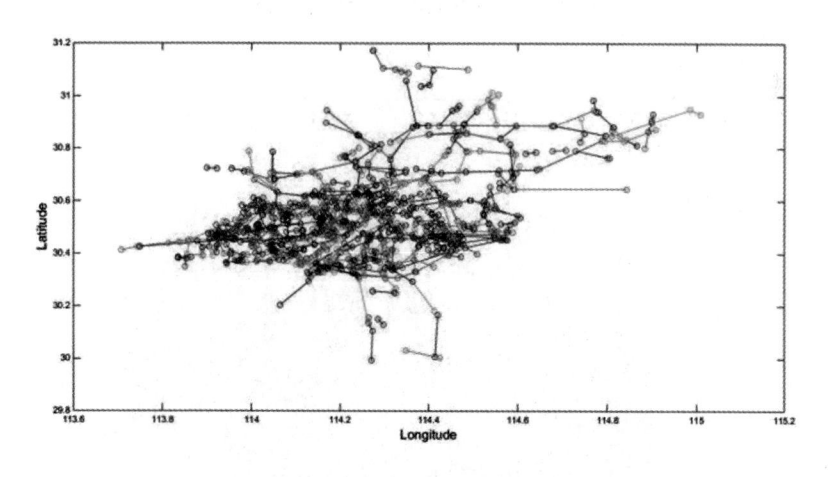

图 5—7　转向点序列路线图

（2）轨迹匹配

经过初步筛选后，本书对剩余的路线进行轨迹匹配。需要拼车乘客的行驶轨迹转向点序列为集合 B，已上车的乘客路线轨迹转向点序列为集合 A。将 B 中的每条路线和 A 进行匹配，计算带有时间约束的豪斯道夫距离，同时计算不带时间约束的豪斯道夫距离。最终得到图 5—8 和图 5—9。

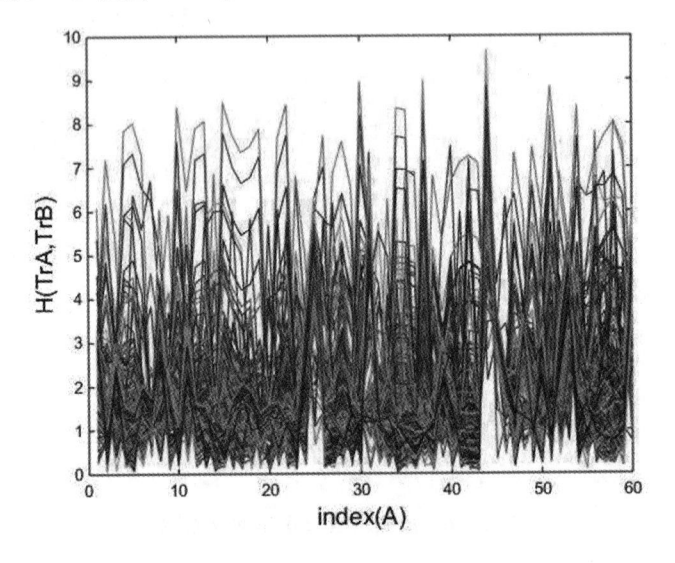

图 5—8　有时间约束的轨迹匹配图

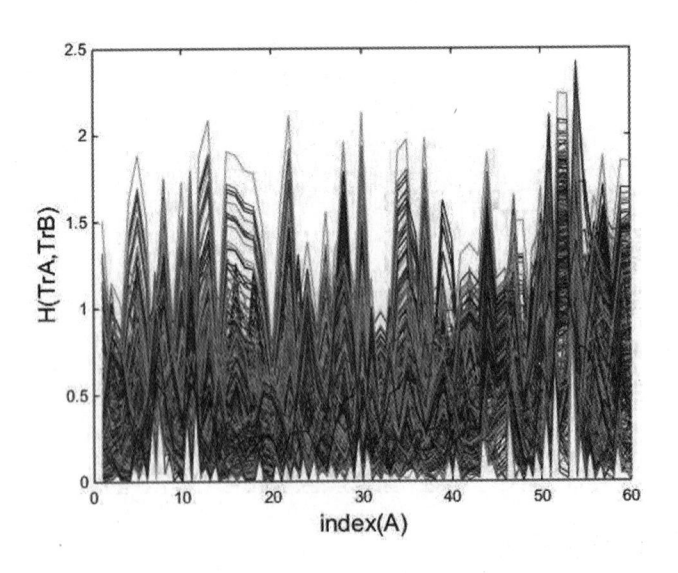

图 5—9　无时间约束的轨迹匹配图

第五章　结论与展望

在图 5—8 和图 5—9 中，横坐标表示 A 路线集合；纵坐标代表 B 中的某条路线和 A 中的某条路线匹配算出的豪斯道夫距离；一条折线段代表一个 B 路线。图 5—8 和图 5—9 对比可以看出，带有时间约束的豪斯道夫距离明显比不带时间约束的豪斯道夫距离大，这表明根据传统的路径匹配算法算出来的两条相似路径在本书的算法中很有可能呈现不相似的情况。此外，不同的 B 路线和同一条 A 路线匹配的结果差别也更大。在 $h_\infty = 1$ 的情况下，B 路线和 A 路线匹配的数量分布图如图 5—10 所示。

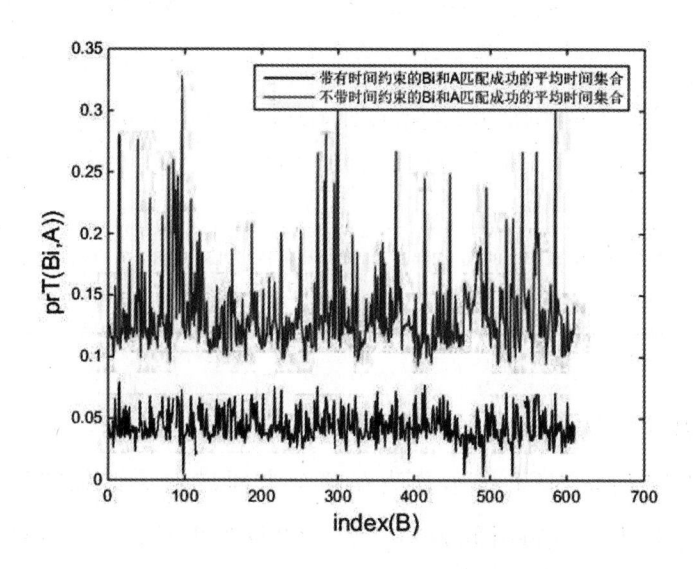

图 5—10　路线 A、B 匹配数量分布图

图 5—10 中，纵坐标是数量 B 和 A 路线集合匹配成功的数量所占的比例，横坐标是 B 路线的标号，上面部分是不带时间约束所绘制出来的匹配成功数目曲线，下面部分是带有时间约束所绘制出来的匹配成功数目曲线。可以看出，不带时间约束曲线整体低于带有时间约束曲线，表明带有时间约束匹配成功的数目整体少于不带时间约束匹配成功的数目。

表 5—2   实验结果

Similarity degree	$h_\alpha = 1$		$h_\alpha = 1.2$		$h_\alpha = 1.4$		$h_\alpha = 1.6$		$h_\alpha = 1.8$		$h_\alpha = 2$		$h_\alpha = 3$	
Sequece_B	total_prT	Success rate	total_prT	Success rate	total_prT	Success rate	total_prT	Success rate	total_prT	Success rate	total_prT	Success rate	total_prT	Success rate
Time constraint	0.0435h	24.54%	0.0526h	36.55%	0.0604h	47.28%	0.0665h	56.39%	0.0719h	63.17%	0.0772h	69.00%	0.0950h	84.06%
Without_Time constraint	0.1353h	89.91%	0.1375h	94.80%	0.1395h	97.42%	0.1402h	98.88%	0.1405h	99.63%	0.1405h	99.90%	0.1405h	99.99%
MCT algorithm	0.121h	21.22%	0.1245h	30.24%	0.1278%	42.34%	0.1289h	54.43%	0.1322h	62.87%	0.1355h	69.77%	0.135h	69.77%

详细实验结果对比如表 5—2 所示，对有无时间约束的豪斯道夫算法以及传统 MCT 拼车算法在两个方面进行了详细的比较，其中拼车用户平均等待时间为 $total_{prT}$，单位为小时；平均等待时间计算公式如下：

$$\xi = \frac{L_{sum}}{min\{\sum_1^{n-1}|A_iA_{i+1}|, \sum_1^{m-1}|B_jB_{j+1}|\} - \sum_i^k f(\varepsilon_i)}$$

$$total_{prT} = \frac{sum(timeDifference)}{sum(Direction\_sequence)} \quad (5—10)$$

其中，$timeDifference$ 是每一个拼车用户需要等待的时间；$sum(Direction\_sequece)$ 是拼车用户的总数量。

$Success_{rate}$ 为匹配成功率，即轨迹 B 中一个需要拼车用户的路线

和轨迹 A 中所有路线的匹配成功率,即满足绕路相似性度量临界阈值的拼车路线的数量与总数量的比值,计算公式如下:

$$Success_{rate} = \frac{sum(number)}{sum(Direction\_sequenceB) \times sum(Direction\_sequenceA)}$$

(5—11)

其中,$sum(number)$ 是满足绕路相似性度量临界阈值的拼车路线的数量,$sum(Direction\_sequeceB) \times sum(Direction\_sequeceA)$ 是 A 路线和 B 路线数量的乘积。因为一条 B 路线要和所有的 A 路线进行匹配,总共有 610 条 B 路线,所以分母是二者的乘积。h_∞ 是相似性度量临界阈值,用来衡量匹配路线的好坏。h_∞ 越大,则匹配出来的路线相似度越差,h_∞ 越小,则匹配出来的路线相似度越好,用户的等待时间就越小。在不同的 h_∞ 下,本书可以比较不同算法的优劣。在相似性度量临界阈值 $h_\infty = 1$ 且 B 与 A 已匹配成功的条件下,带有时间约束的拼车方案的用户平均等待时间与不带时间约束的相比降低 67.8%,随着相似性度量临界阈值 h_∞ 的放宽,带有时间约束的匹配成功率越来越高。当 $h_\infty = 3$ 时,整体的成功率达到 84.06%。由于放宽了相似性度量临界阈值,平均等待时间有所增加,但仍然是不带时间约束等待时间的 64.8%。这表明加入时间约束后,用户的等待拼车的时间大幅度缩短,且匹配成功率仍然维持在较高的水平上。同时,跟传统的 MCT 拼车算法比较,在 $h_\infty = 3$ 时,改进的豪斯道夫拼车匹配算法成功率较 MCT 提高了 14.29%,时间上缩短了 0.0405h。可见,改进的豪斯道夫拼车区配算法优于 MCT 拼车算法。

在拼车问题中,最为关键的是不同路径的相似度精确计算。研究发现,时间代价对最终拼车匹配结果有重要影响。因此本书提出一个将时间纳入计算的改进的豪斯道夫距离的路径相似度匹配算法，通过利用路径上转向点上的经纬度和时间属性，来计算改进后的豪斯道夫距离，然后通过分段划分的方法，进行路径之间的相似度匹配度计算。经大量实验，结果表明，通过实验添加时间约束及改进的豪斯道夫距离与传统模型进行比较，匹配准确度以及减小时间代价方面都有较大提高。在未来工作中，本书将更侧重于路径匹配的准确度与及时性，这对 GPS 定位与道路刻画方面提出了更高的要求。

参考文献

［1］周斌文：《网络犯罪高压之下仍逆势增长，犯罪链条日渐成熟》，《法制日报》2014 年 11 月 25 日。

［2］陆晨昱：《我国网络犯罪及防控体系研究》，硕士学位论文，2008 年。

［3］李彬：《传播学引论》，高等教育出版社 2013 年版。

［4］程学旗、靳小龙、王元卓等：《大数据系统和分析技术综述》，《软件学报》2014 年 7 月第 25 期第 9 版。

［5］齐战胜：《数据挖掘技术在计算机犯罪取证中的应用》，硕士学位论文，内蒙古科技大学，2011 年 6 月。

［6］李德仁、张良培、夏桂松：《遥感大数据自动分析与数据挖掘》，《测绘学报》2014 年 12 月第 43 卷第 12 期。

［7］宋俊雅：《论我国网络犯罪刑法立法的缺陷及完善》，硕士学位论文，河南大学，2013 年 5 月。

［8］卓翔：《网络犯罪若干问题研究》，博士学位论文，中国政法大学，2004 年 5 月。

［9］陈凯：《网络突发事件的传播算法及干预对策研究》，硕士学位论文，复旦大学，2010 年。

［10］陆晨昱：《我国网络犯罪及防控体系研究》，硕士学位论文，上海交通大学，2008 年 11 月。

[11] 叶金珠：《网络突发事件蔓延及干预研究》，博士学位论文，华中科技大学，2012年10月。

[12] 楼巍：《面向大数据的高维数据挖掘技术研究》，博士学位论文，上海大学，2013年9月。

[13] 刘守芬、房树新：《八国网络犯罪立法简析及对我国立法的启示》，《法学杂志》2004年9月第25卷。

[14] 宋俊雅：《论我国网络犯罪刑法立法的缺陷及完善》，硕士学位论文，河南大学，2013年5月。

[15] 徐汉明、张乐：《大数据时代惩治与预防网络金融犯罪的若干思考》，《经济社会体制比较》2015年第3期总第179期。

[16] 徐汉明：《网络治理：安全优先，兼顾自由》，《中国社会科学报》2014年6月27日第A07版。

[17] 徐柱：《论网络犯罪及其预防》，硕士学位论文，吉林大学，2005年。

[18] [德] 伊丽莎白·诺尔-诺伊曼：《沉默的螺旋》，董璐译，北京大学出版社2013年版。

[19] 郭跹秀、吕学强、李卓：《基于突发词聚类的微博突发事件检测方法》，《计算机应用》2014年第34卷第2期。

[20] [美] 维克托·迈尔-舍恩伯格：《大数据时代》，袁杰译，浙江人民出版社2013年版。

[21] 樊嘉麒：《基于大数据的数据挖掘引擎》，硕士学位论文，北京邮电大学，2012年11月。

[22] 李万彪、余志、龚峻峰等：《基于关系数据模型的犯罪网络挖掘研究》，《中山大学学报》2014年9月第53卷第5期。

[23] [美] 克劳德·艾尔伍德·香农：《通信的数学理论》，贾洪峰译，北京图灵文化发展有限公司2013年版。

[24] Zhang J, Fan X, Wang J, Et Al., "Keyword-Propagation-

Based Information Enriching And Noise Removal For Web News Videos" In Proceedings of the 18th Acm Sigkdd International Conference on Knowledge Discovery And Data Mining (Kdd), Beijing, China, August 2012.

[25] Li H, Zheng T, Zheng G, "Confidence Measure Based on Context Consistency Using Word Occurrence Probability And Topic Adaptation For Spoken Term Detection" Ieice Transactions on Information And Systems, Vol. E97-D, No. 3, 2014.

[26] Xu J, Li H, Zhao Y, Et Al, "Online High-Quality Topic Detection For Bulletin Board Systems" Ieice Transactions on Information And Systems, Vol. E97-D, No. 2, 2014.

[27] Li C, Ye Y, Zhang X, Et Al, "Clustering Based Topic Events Detection on Text Stream" In Proceedings of the 6th Asian Conference on Intelligent Information And Database Systems, Bangkok, Tailand, April 2014.

[28] Micah D, Ravi K, Joseph M, Et Al, "Visualizing Tags Over Time" In Proceedings of the Conference on World Wide Web, Edinburgh, Scotland, May 2006.

[29] Fung G P C, Yu J X, Yu P S, Et Al, "Parameter Free Bursty Events Detection In Text Streams" In Proceedings of the 31st International Conference on Very Large Data Bases, Trento, Italy, October 2005.

[30] Chen K-Y, L L, S. C. T C, "Hot Topic Extraction Based on Timeline Analysis And Multidimensional Sentence Modeling" IEEE Transactions on Knowledge And Data Engineering, Vol. 19, No. 8, 2007.

[31] Wang X, Zhai C, Hu X, Et Al, "Mining Correlated Bursty Topic

Patterns From Coordinated Text Streams" In Proceedings of the 13th Acm Sigkdd International Conference on Knowledge Discovery and Data Mining, San Jose, California, USA, June 2007.

[32] Nallapati R, Feng A, Peng F, Et Al, "Event Threading Within News Topics" In Proceedings of the Thirteenth Acm International Conference on Information and Knowledge Management, Washington, D.C., USA, October 2004.

[33] Wang C, Zhang M, Ma S, Et Al, "Automatic Online News Issue Construction In Web Environment" In Proceedings of the 17th International Conference on World Wide Web, Beijing, China, May 2008.

[34] Mei Q, Zhai C, "Discovering Evolutionary Theme Patterns From Text: An Exploration of Temporal Text Mining" In Proceedings of the Eleventh Acm Sigkdd International Conference on Knowledge Discovery In Data Mining, August 2005.

[35] Cossu J V, Bigot B, Bonnefoy L, Et Al, "Towards the Improvement of Topic Priority Assignment Using Various Topic Detection Methods For E-Reputation Monitoring on Twitter" In Proceedings of the 19th International Conference on Applications of Natural Language to Information Systems, Las Vegas, November, 2014.

[36] Guo D, Liao X, "Microblog Hot Topic Detection Based on Box-Plot" Journal of Shanxi University Natural Science Edition, Vol. 37, No.1, 2014.

[37] Guo Y, Lyu X, Li Z, "Bursty Topics Detection Approach on Chinese Microblog Based on Burst Words Clustering" Journal of Computer Applications, Vol. 34, No. 2, 2014.

[38] Hsu W H, Chang S-F, "Topic Tracking Across Broadcast News

Videos With Visual Duplicates And Semantic Concepts" In Proceedings of the IEEE International Conference on Image Processing, ICIP, August 2006.

[39] Fung G P C, Yu J X, Liu H, Et Al, "Time-Dependent Event Hierarchy Construction" In Proceedings of the 13th Acm Sigkdd International Conference on Knowledge Discovery And Data Mining, San Jose, California, USA, June 2007.

[40] Tan S, Tan H-K, Ngo C-W, "Topical Summarization of Web Videos By Visual-Text Time-Dependent Alignment" In Proceedings of the International Conference on Multimedia, Firenze, Italy, August 2010.

[41] Chen C C, Chen M C, "Tscan: A Novel Method For Topic Summarization And Content Anatomy" In Proceedings of the 31st Annual International Acm Sigir Conference on Research And Development In Information Retrieval, Singapore, August 2008.

[42] Zhu X, Fan J, Elmagarmid A K, Et Al, "Hierarchical Video Content Description And Summarization Using Unified Semantic And Visual Similarity" Multimedia Syst, Vol. 9, No. 1, 2003.

[43] Peng Y, Ngo C-W, "Hot Event Detection And Summarization By Graph Modeling And Matching" In Proceedings of the 4th International Conference on Image And Video Retrieval, Singapore, July 2005.

[44] Ide I, Mo H, Katayama N, Et Al, "Topic Threading For Structuring A Large-Scale News Video Archive" In Proceedings of the Conference on Image And Video Retrieval, July 2004.

[45] Ide I, Mo H, Katayama N, Et Al, "Exploiting Topic Thread Structures In A News Video Archive For the Semi-Automatic Gen-

eration of Video Summaries" IEEE International Conference on Multimedia & Expo, August 2006.

[46] Okuoka T, Takahashi T, Deguchi D, Et Al, "Labeling News Topic Threads With Wikipedia Entries" In Proceedings of the 11th IEEE International Symposium on Multimedia (ISM), Karlova, USA, December 2009.

[47] Ide I, Kinoshita T, Takahashi T, Et Al. Efficient Tracking of News Topics Based on Chronological Semantic Structures In A Large-Scale News Video Archive [J]. Ieice Transactions on Information And Systems, Vol. E95d, No. 5, 2012.

[48] Liu H-T, Lao S-Y, Bai L, Et Al. News Video Event Topic Analysis Based on Stories [J]. Journal of National University of Defense Technology, Vol. 33, No. 5, 2011.

[49] Neo S-Y, Ran Y, Goh H-K, Et Al, "The Use of Topic Evolution to Help Users Browse And Find Answers In News Video Corpus" In Proceedings of the 15th International Conference on Multimedia, Augsburg, Germany, September 2007.

[50] Lew M S, Sebe N, Djeraba C, Et Al "Content-Based Multimedia Information Retrieval: State of the Art And Challenges" Acm Transactions on Multimedia Compututer Community Application, Vol. 2, No. 1, 2006.

[51] Hauptmann A G, Christel M G, Rong Y, "Video Retrieval Based on Semantic Concepts" In Proceedings of the IEEE, Vol. 96, No. 4, 2008.

[52] Messina A, Montagnuolo M, "A Generalised Cross-Modal Clustering Method Applied to Multimedia News Semantic Indexing And Retrieval" In Proceedings of the 18th International Conference on

World Wide Web, Madrid, Spain, April 2009.

[53] Wang Y, Rawat S, Metze F, "Exploring Audio Semantic Concepts For Event-Based Video Retrieval" In Proceedings of the 2014 IEEE International Conference on Acoustics, Speech And Signal Processing (Icassp), May 2014.

[54] Andre B, Vercauteren T, Buchner A M, Et Al, "Learning Semantic And Visual Similarity For Endomicroscopy Video Retrieval" IEEE Transactions on Medical Imaging, Vol. 31, No. 6, 2012.

[55] Ide I, Mo H, Katayama N, "Threading News Video Topics" In Proceedings of the 5th Acm Sigmm International Workshop on Multimedia Information Retrieval, Berkeley, California, June 2003.

[56] Duygulu P, Pan J-Y, Forsyth D A, "Towards Auto-Documentary: Tracking the Evolution of News Stories" In Proceedings of the 12th Annual Acm International Conference on Multimedia, New York, Ny, USA, October 2004.

[57] Zhang S, Tian Q, Hua G, Et Al, "Generating Descriptive Visual Words And Visual Phrases For Large-Scale Image Applications" IEEE Transactions on Image Processing, Vol. 20, No. 9, 2011.

[58] Zheng Q-F, Gao W, "Constructing Visual Phrases For Effective And Efficient Object-Based Image Retrieval" Acm Transactions Multimedia Computer Community Appllication, Vol. 5, No. 1, 2008.

[59] Peng Y, Ngo C-W. Emd-Based Video Clip Retrieval By Many-To-Many Matching [C]. In Proceedings of the 4th International Conference on Image And Video Retrieval, Singapore, July 2005.

[60] Zhao W, Jiang Y-G, Ngo C-W, "Keyframe Retrieval By Key-

points: Can Point-To-Point Matching Help?" In Proceedings of the 5th International Conference on Image And Video Retrieval, CIVR, July 2006.

[61] Zhao W-L, Ngo C-W, Tan H-K, Et Al, "Near-Duplicate Keyframe Identification With Interest Point Matching And Pattern Learning" IEEE Transactions on Multimedia, Vol. 9, No. 5, 2007.

[62] Jegou H, Douze M, Schmid C, "Hamming Embedding And Weak Geometric Consistency For Large Scale Image Search" In Proceedings of the 10th European Conference on Computer Vision, October 2008.

[63] Zhang D-Q, Chang S-F, "Detecting Image Near-Duplicate By Stochastic Attributed Relational Graph Matching With Learning" In Proceedings of the 12th Annual Acm International Conference on Multimedia, New York, USA, October 2004.

[64] Jiang Y-G, Ngo C-W, "Visual Word Proximity And Linguistics For Semantic Video Indexing And Near-Duplicate Retrieval" Computer Vision And Image Understanding, Vol. 113, No. 3, 2009.

[65] Pavan T, Ashok V, Rama C, "Unsupervised View And Rate Invariant Clustering of Video Sequences" Computer Vision And Image Understanding, Vol. 113, No. 3, 2009.

[66] Wu X, A. G. H, Ngo C-W, "Measuring Novelty And Redundancy With Multiple Modalities In Cross-Lingual Broadcast News" Computer Vision And Image Understanding, Vol. 110, No. 3, 2008.

[67] Mohammed B, Bashar T, "Near-Duplicate Video Detection Featuring Coupled Temporal And Perceptual Visual Structures And Logical Inference Based Matching" Information Processing &

Management, Vol. 48, No. 3, 2012.

[68] Sebe N, Tian Q, Lew M S, Et Al, "Similarity Matching In Computer Vision And Multimedia" Computer Vision And Image Understanding, Vol. 110, No. 3, 2008.

[69] Wei X-Y, Ngo C-W, Jiang Y-G, "Selection of Concept Detectors For Video Search By Ontology-Enriched Semantic Spaces" IEEE Transactions on Multimedia, Vol. 10, No. 6, 2008.

[70] Lowe D G, "Distinctive Image Features From Scale-Invariant Keypoints" International Journal of Computer Vision, Vol. 60, No. 2, 2004.

[71] Mikolajczyk K, Schmid C, "Scale & Affine Invariant Interest Point Detectors" International Journal of Computer Vision, Vol. 60, No. 1, 2004.

[72] Ke Y, Sukthankar R, Huston L, "Efficient Near-Duplicate Detection And Sub-Image Retrieval" In Proceedings of the Conference on Acm Multimedia, October 2004.

[73] Ngo C-W, Zhao W-L, Jiang Y-G, "Fast Tracking of Near-Duplicate Keyframes In Broadcast Domain With Transitivity Propagation" In Proceedings of the 14th Annual Acm International Conference on Multimedia, Santa Barbara, Ca, USA, October 2006.

[74] Zhao W-L, Ngo C-W, "Scale-Rotation Invariant Pattern Entropy For Keypoint-Based Near-Duplicate Detection" IEEE Transactions on Image Processing, Vol. 18, No. 2, 2009.

[75] Sivic J, Zisserman A, "Video Google: A Text Retrieval Approach to Object Matching In Videos" In Proceedings of the Ninth IEEE International Conference on Computer Vision, October 2003.

[76] Yahiaoui I, Merialdo B, Huet B, "Automatic Video Summariza-

tion" In Proceedings of the Conference on Cbmir, July 2001.

[77] Wu X, Hauptmann A G, Ngo C-W, "Practical Elimination of Near-Duplicates From Web Video Search" In Proceedings of the 15th International Conference on Multimedia, October 2007.

[78] Tan H-K, Ngo C-W, "Localized Matching Using Earth Mover's Distance Towards Discovery of Common Patterns From Small Image Samples" Image And Vision Computing, Vol. 27, No. 10, 2009.

[79] Peng Y, Ngo C-W, Xiao J, "Om-Based Video Shot Retrieval By One-To-One Matching" Multimedia Tools And Applications, Vol. 34, No. 2, 2007.

[80] Jiang H, Ngo C-W, Tan H-K, "Gestalt-Based Feature Similarity Measure In Trademark Database" Pattern Recognition, Vol. 39, No. 5, 2006.

[81] Zhai Y, Shah M, "Tracking News Stories Across Different Sources" In Proceedings of the 13th Annual Acm International Conference on Multimedia. Hilton, Singapore, October 2005.

[82] Law-To J, Buisson O, Gouet-Brunet V, Et Al, "Robust Voting Algorithm Based on Labels of Behavior For Video Copy Detection" In Proceedings of the 14th Annual Acm International Conference on Multimedia, Santa Barbara, Ca, Usa, October 2006.

[83] Liang Y, Li J, Zhang B, "Vocabulary-Based Hashing For Image Search" In Proceedings of the 17th Acm International Conference on Multimedia, Acm, October 2009.

[84] Wang F, Ngo C-W, Pong T-C, "Structuring Low-Quality Videotaped Lectures For Cross-Reference Browsing By Video Text Analysis" Pattern Recognition, Vol. 41, No. 10, 2008.

[85] Wu X, Lu Y-J, Peng Q, Et Al, "Mining Event Structures From

Web Videos" IEEE Multimedia, Vol. 18, No. 1, 2011.

[86] Cao J, Ngo C-W, Zhang Y-D, Et Al, "Tracking Web Video Topics: Discovery, Visualization, And Monitoring" IEEE Transactions on Circuits And Systems For Video Technology, Vol. 21, No. 12, 2011.

[87] Liu L, Sun L, Rui Y, Et Al, "Web Video Topic Discovery And Tracking Via Bipartite Graph Reinforcement Model" In Proceedings of the 17th International Conference on World Wide Web, Beijing, China, August 2008.

[88] He Q, Chang K, Lim E-P, "Analyzing Feature Trajectories For Event Detection" In Proceedings of the 30th Annual International Acm Sigir Conference on Research And Development In Information Retrieval, Amsterdam, the Netherlands, October 2007.

[89] Agrawal R, Imieli T, Swami A, "Mining Association Rules Between Sets of Items In Large Databases" Sigmod Recognition, Vol. 22, No. 2, 1993.

[90] Shyu M L, Chen S C, Kashyap R L, "Generalized Affinity-Based Association Rule Mining For Multimedia Database Queries" Knowledge And Information Systems, Vol. 3, No. 3, 2001.

[91] Thabtah F, "Challenges And Interesting Research Directions In Associative Classification" In Procesedings of the 6th IEEE International Conference on Data Mining, ICDM, December 2006.

[92] Vishwakarma N K, Agarwal J, Agarwal S, Et Al, "Comparative Analysis of Different Techniques In Classification Based on Association Rules" In Proceedings of the 2013 IEEE International Conference on Computational Intelligence And Computing Research, December 2013.

[93] Thabtah F, Hadi W, Abu-Mansour H, Et Al, "A New Rule Pruning Text Categorisation Method" In Proceedings of the 7th International Multi-Conference on Systems Signals And Devices, January 2010.

[94] Li W, Cao L, Zhao D, Et Al, "CRNN: Integrating Classification Rules Into Neural Network" In Proceedings of the 2013 International Joint Conference on Neural Networks, August 2013.

[95] Hu K, Lu Y, Zhou L, Et Al, "Integrating Classification And Association Rule Mining: A Concept Lattice Framework" In Proceedings of the 7th International Workshop on New Directions In Rough Sets, Data Mining, And Granular-Soft Computing, January 1999.

[96] Lin L, Shyu M-L, Chen S-C, "Association Rule Mining With A Correlation-Based Interestingness Measure For Video Semantic Concept Detection" International Journal of Information And Decision Sciences, Vol. 4, No. 2-3, 2012.

[97] Zhao W, Zhang Y, Zhang S, "Bayesian Network With Association Rules Applied In the Recognition of Handwritten Digits" Sports Materials, Modelling And Simulation. Vol. 187, 2011.

[98] Thabtah F A, Cowling P I, "A Greedy Classification Algorithm Based on Association Rule" Applied Soft Computing, Vol. 7, No. 3, 2007.

[99] Sami A, Takahashi M, "Decision Tree Construction For Genetic Applications Based on Association Rules" In Proceedings of the Conference on Tencon, August, 2006.

[100] Geng L, Hamilton H J, "Interestingness Measures For Data Mining: A Survey" Acm Comput Surveys, Vol. 38,

No. 3, 2006.

[101] Malik H H, Kender J R, "Clustering Web Images Using Association Rules, Interestingness Measures, And Hypergraph Partitions" In Proceedings of the 6th International Conference on Web Engineering, Palo Alto, California, USA, October 2006.

[102] Le T T N, Huynh H X, Guillet F, "Finding the Most Interesting Association Rules By Aggregating Objective Interestingness Measures" Knowledge Acquisition: Approaches, Algorithms And Applications, Berlin, Springer-Verlag Berlin, Augurst 2009.

[103] Liu B, Hsu W., Chen S, Et Al, "Analyzing the Subjective Interestingness of Association Rules" Intelligent Systems And Their Applications, Vol. 15, No. 5, 2000.

[104] Yu B, Ma W-Y, Nahrstedt K, Et Al, "Video Summarization Based on User Log Enhanced Link Analysis" In Proceedings of the Eleventh Acm International Conference on Multimedia, Berkeley, Ca, USA, October 2003.

[105] Lin L, Shyu M-L, Chen S-C, "Correlation-Based Interestingness Measure For Video Semantic Concept Detection" In Proceedings of the IEEE International Conference on Information Reuse & Integration, California, USA, August 2009.

[106] Lin L, G. R, Shyu M-L, Et Al, "Correlation-Based Video Semantic Concept Detection Using Multiple Correspondence Analysis" In Proceedings of the Tenth IEEE International Symposium on Multimedia, California, USA, December 2008.

[107] Salkind N J, "Encyclopedia of Measurement And Statistics" Sage Publications, 2007.

[108] Kennedy L S, Naaman M, "Generating Diverse And Represent-

ative Image Search Results For Landmarks" In Proceedings of the 17th International Conference on World Wide Web, Beijing, China, April 2008.

[109] Maupin P, Lepage R, Et Al, "Multiple Correspondence Analysis For Highly Heterogeneous Data Fusion" In Proceedings of the Third International Conference on Information Fusion, California, USA, August 2000.

[110] Wong S, Hernandez A I, Carre F, Et Al, "Study of Spectral Components of Ventricular Repolarization Variability By Multiple Correspondence Analysis" In Proceedings of the Conference on Computers In Cardiology, New York, USA, August 2005.

[111] Loslever P, Laassel E M, Angue J C. Combined Statistical Study of Joint Angles And Ground Reaction Forces Using Component And Multiple Correspondence Analysis [J]. IEEE Transactions on Biomedical Engineering, Vol. 41, No. 12, 1994.

[112] Wong S, Carrault G, Kervio G, Et Al, "Application of Multiple Correspondence Analysis to Asses the Relation Between Time After Transplantation And Sympathetic Activity In Cardiac Transplant Recipient" In Proceedings of the 30th Annual International Conference of the IEEE Engineering In Medicine And Biology Society, Embs, August 2008.

[113] Loslever P, Popieul J C, Simon P, Et Al, "Using Multiple Correspondence Analysis For Large Driving Signals Database Exploration. Example With Lane Narrowing And Curves" In Proceedings of the Conference on IEEE Intelligent Vehicles Symposium, Gold Coast, Australia, October 2010.

[114] Zhu Q, Lin L, Shyu M-L, Et Al, "Utilizing Context Informa-

tion to Enhance Content-Based Image Classification" International Journal of Multimedia Data Engineering & Management, Vol. 2, No. 3, 2011.

[115] Chen C, Zhu Q, Lin L, Et Al, "Web Media Semantic Concept Retrieval Via Tag Removal And Model Fusion" Acm Transactions on Intelligente Systerm Technology, Vol. 4, No. 4, 2013.

[116] Zhang C-D, Wu X, Shyu M-L, Et Al, "A Novel Web Video Event Mining Framework With the Integration of Correlation And Co-Occurrence Information" Journal of Computer Science And Technology, Vol. 28, No. 5, 2013.

[117] Wang F, Jiang Y-G, Ngo C-W. , "Video Event Detection Using Motion Relativity And Visual Relatedness" In Proceedings of the 16th Acm International Conference on Multimedia, Vancouver, British Columbia, Canada , August 2008.

[118] Liu D, Shyu M-L, "Effective Moving Object Detection And Retrieval Via Integrating Spatial-Temporal Multimedia Information" IEEE International Symposium on Multimedia, Tai Chuang, Tai Wan, December 2012.

[119] Ren W, Singh S, Singh M, Et Al, "State-Of-The-Art on Spatio-Temporal Information-Based Video Retrieval" Pattern Recognition, Vol. 42, No. 2, 2009.

[120] Liu D, Chen T, "Video Retrieval Based on Object Discovery" Computer Vision And Image Understanding, Vol. 113, No. 3, 2009.

[121] Arslan B, Yun Z, Mubarak S, "Content Based Video Matching Using Spatiotemporal Volumes" Computer Vision And Image Understanding, Vol. 110, No. 3, 2008.

[122] Fan J, Junsong Y, Tsaftaris S A, Et Al, "Anomalous Video Event Detection Using Spatiotemporal Context" Computer Vision And Image Understanding, Vol. 115, No. 3, 2011.

[123] Niebles J C, Wang H C, Fei-Fei L, "Unsupervised Learning of Human Action Categories Using Spatial-Temporal Words" International Journal of Computer Vision, Vol. 79, No. 3, 2008.

[124] Menon V, Ford J M, Lim K O, Et Al, "Combined Event-Related Fmri And Eeg Evidence For Temporal-Parietal Cortex Activation During Target Detection" Neuroreport, Vol. 8, No. 14, 1997.

[125] Xu J, Denman S, Reddy V, Et Al, "Real-Time Video Event Detection In Crowded Scenes Using Mpeg Derived Features: A Multiple Instance Learning Approach" Pattern Recognition Letters, Vol. 44, No. 1, 2014.

[126] Ke Y, Sukthankar R, Hebert M, Et Al, "Efficient Visual Event Detection Using Volumetric Features" In Proceedings of the Tenth IEEE International Conference on Computer Vision, Beijing, China, December 2005.

[127] Liu D, Shyu M-L, "Semantic Motion Concept Retrieval In Non-Static Background Utilizing Spatial-Temporal Visual Information" International Journal of Semantic Computing, Vol. 7, No. 1, 2013.

[128] Duan L, Xu D, Tsang I W-H, Et Al, "Visual Event Recognition In Videos By Learning From Web Data" IEEE Transactions on Pattern Analysis And Machine Intelligence, Vol. 34, No. 9, 2012.

[129] Cucchiara R, Grana C, Piccardi M, Et Al, "Detecting Moving Objects, Ghosts, And Shadows In Video Streams" IEEE Transactions on Pattern Analysis And Machine Intelligence, Vol. 25,

No. 10, 2003.

[130] Mahadevan V, Vasconcelos N, "Spatiotemporal Saliency In Dynamic Scenes" IEEE Transactions on Pattern Analysis And Machine Intelligence, Vol. 32, No. 1, 2010.

[131] Kim W, Jung C, Kim C, "Spatiotemporal Saliency Detection And Its Applications In Static And Dynamic Scenes" IEEE Transactions on Circuits And Systems For Video Technology, Vol. 21, No. 4, 2011.

[132] Liu D, Shyu M-L, "Effective Moving Object Detection And Retrieval Via Integrating Spatial-Temporal Multimedia Information" In Proceedings of the 2012 IEEE International Symposium on Multimedia, San Francisco, CA, USA, June 2012.

[133] Liu D, Shyu M-L, "Semantic Retrieval For Videos In Non-Static Background Using Motion Saliency And Global Features" In Proceedings of the Seventh International Conference on Semantic Computing, Irvine, CA, USA, September 2013.

[134] Wu X, Ngo C-W, A. G. H, "Multimodal News Story Clustering With Pairwise Visual Near-Duplicate Constraint" IEEE Transactions on Multimedia, Vol. 10, No. 2, 2008.

[135] Wu X, Ngo C-W, Li Q, "Threading And Autodocumenting News Videos: A Promising Solution to Rapidly Browse News Topics" IEEE Signal Processing Magazine, Vol. 23, No. 2, 2006.

[136] Zhao W-L, Wu X, Ngo C-W, "On the Annotation of Web Videos By Efficient Near-Duplicate Search" IEEE Transactions on Multimedia, Vol. 12, No. 5, 2010.

[137] Lin L, Chen C, Shyu M-L, Et Al, "Weighted Subspace Filtering And Ranking Algorithms For Video Concept Retrieval"

IEEE Multimedia, Vol. 18, No. 3, 2011.

[138] Yao J, Cui B, Huang Y, Et Al, "Bursty Event Detection From Collaborative Tags" World Wide Web, Vol. 15, No. 2, 2012.

[139] Li X, C. G. M. S, Marcel W, "Learning Social Tag Relevance By Neighbor Voting" IEEE Transactions on Multimedia, Vol. 11, No. 7, 2009.

[140] Parry M L, Legg P A, Chung D H, Et Al, "Hierarchical Event Selection For Video Storyboards With A Case Study on Snooker Video Visualization" IEEE Transactions on Visualization And Computer Graphics, Vol. 17, No. 12, 2011.

[141] Nguyen L T T, Bay V, Tzung-Pei H, Et Al, "Classification Based on Association Rules: A Lattice-Based Approach" Expert Systems With Applications, Vol. 39, No. 13, 2012.

[142] Lowe D G, "Object Recognition From Local Scale-Invariant Features" In Proceedings of the Seventh IEEE International Conference on Computer Vision, Kerkyra, Greece, September 1999.

[143] Laptev I, Marszalek M, Schmid C, Et Al, "Learning Realistic Human Actions From Movies" In Proceedings of the IEEE Conference on Computer Vision And Pattern Recognition, CVPR, Piscataway, NJ, June 2008.

[144] Liu J, Luo J, M. S, "Recognizing Realistic Actions From Videos" In Proceedings of the IEEE Conference on Computer Vision And Pattern Recognition, CVPR, Miami, FL, USA 2009.

[145] Liu D, Shyu M-L, Zhao G., "Spatial-Temporal Motion Information Integration For Action Detection And Recognition In Non-Static Background" In Proceedings of the IEEE 14th International Conference on Information Reuse And Integration, California,

USA, August, 2013.

[146] Shabani A H, Clausi D A, Zelek J S, "Evaluation of Local Spatio-Temporal Salient Feature Detectors For Human Action Recognition" In Proceedings of the Ninth Conference on Computer And Robot Vision, Washington, DC, USA, May 2012.

[147] Laptev I, Lindeberg T, "Space-Time Interest Points" In Proceedings of the Ninth IEEE International Conference on Computer Vision, Nice, France, October 2003.

[148] Xiaoting Wang, Christopher Leckie, Hairuo Xie, "Tharshan Vaithianathan. Discovering the Impact of Urban Traffic Interventions Using Contrast Mining on Vehicle Trajectory Data" Lecture Notes in Computer Science, Vol. 9077, 2015.

[149] Álvaro Ribeiro, Daniel Castro Silva, Pedro Henriques Abreu, "MoCaS: Mobile Carpooling System" Advances in Intelligent Systems and Computing, Vol. 353, 2015.

[150] Huang Y, Powell J W, "Detecting regions of disequilibrium in taxi services under uncertainty" In Proceedings of the 20th International Conference on Advances in Geographic Information Systems. New York, November 2012.

[151] Jia Yao, Anthony Chen, Seungkyu Ryu, Feng Shi, "A general unconstrained optimization formulation for the combined distribution and assignment problem" Transportation Research (Part B), Vol. 59, No. 1, 2014.

[152] Cao Yanyan, Cui Zhiming, Wu Jian, Sun Yong, et al, "An improved Haussdorff distance and spectral clustering vehivle trajectory pattern learning approach" Computer Applications and Software, Vol. 29, No. 5, 2012.

[153] Zhang, X. , Ouyang, M. & Zhang, X, "Small scale crowd behavior classification by Euclidean distance variation-weighted network" Multimedia Tools and Applications, Vol. 75, No. 19, 2016.

[154] Bulent catay, "A new saving-based ant algorithm for the Vehicle Routing Problem with Simultaneous Pickup and Delivery" Expert Systems with Applications, Vol. 37, 2010.

[155] Tang L L, Zheng W B, Wang Z Q, et al, "Space time analysis on the pick- up and drop off of taxi passengers based on GPS big data" Journal of Geo- Information Science, Vol. 17, No. 10, 2015.

[156] Feng Tian, "Dynamic Taxipooling Scheduling Algorithm Based on Sufferage" Computer Knowledge and Technology, Vol. 28, No. 7, 2011.

[157] Zhang, X. , Chen, G. , Han, Y. et al, "Modeling and analysis of bus weighted complex network in Qingdao city based on dynamic travel time" Multimedia Tools and Applications, December, Vol. 75, No. 24, 2016.

[158] Zafar, K. & Baig, A. R, "Optimization of route planning and exploration using multi- agent system" Multimedia Tools and Applications, Vol. 56, No. 2, 2012.

[159] Shao Zeng-Zhen, Wang Hong-Guo, Liu Hong, et al, "Single Carpooling Problem Based on Matching Degree Clustering Algorithm" Journal of Software, Vol. 23, No. 2, 2012.

[160] Xiao Q, He R C, Zhang W, et al, "Algorithm research of taxi arpooling based on fuzzy clustering and fuzzy recognition" Joural of Transportation Systems Engineering and Information Technoloy, Vol. 14, No. 5, 2014.

[161] Atev S, Miller G, Papanikolopoulos N P, "Clustering of vehicle trajectories" IEEE Trans on Intelligent Transportation Systems, Vol. 11, No. 3, 2010.

[162] Liu Chun, Tan Mengxi, Shao Xiongkai, Et Al, "Carpooling algorithm research based on location data mining" Computer Engineering and Applications, Vol. 12, No. 31, 2015.

发表论文

已录用及刊出论文:

[1] Chengde Zhang, Xiao Wu, Mei-Ling Shyu, Qiang Peng, "Integration of Visual Temporal Information and Textual Distribution Information for News Web Video Event Mining", IEEE Transactions on Human-Machine Systems, Vol. 46, No. 1, 2016.

[2] Chengde Zhang, Dianting Liu, Xiao Wu, Guiru Zhao and Mei-Ling Shyu, "Near-Duplicate Segments Based Web Video Event Mining" Signal Processing, Vol. 120, 2016.

[3] Chengde Zhang, Xiao Wu, Mei-Ling Shyu, Qiang Peng, "A Novel Web Video Event Mining Framework with the Integration of Correlation and Co-Occurrence Information", Journal of computer science and technology, Vol. 28, No. 5, 2013.

[4] Chengde Zhang, Yanpeng Pan and Jingdong Zhang. Critical Inforamtion Detection for the Prevention and Control of Burst Cybercrime Events Under the Background of Big Data [C]. the 3rd International Conference on Wireless Communication and Sensor Network, Nanjing, China, April 2017.

[5] Chengde Zhang, Geng Deng, Wu Bo, etc. Carpool Algorithm

Based on Similarity Measure of Partition Trajectory Line [C]. the International Conference on Materials Science and Engineering Applica, Nanjing, China, April2016.

[6] 张承德、邓赓、张敬东等:《网络谣言防控研究》,《法治社会·长江(国际)研讨会2016——网络社会治理的法治化》,武汉,中国,2016年。

[7] Chengde Zhang, Xiao Wu, Mei-Ling Shyu, Qiang Peng, "Adaptive Association Rule Mining for Web Video Event Classification," In Proceedings of the 14th IEEE Conference on Information Reuse and Integration (IRI), San Francisco, Ca, USA, Aug. 2013.

[8] Chengde Zhang, Xiangnian Huang, "Off-line handwritten digit recognition based on improved BP artificial neural network", Service Operations and Logistics, and Informatics, 2008. IEEE/SOLI 2008. IEEE International Conference on, Beijing, China, Oct. 2008.

[9] Chengde Zhang, Xiangnian Huang, Kaibin Zhang, Hua Lu, "Off-line handwritten digit recognition based on the combination of New features", Microcomputer Information, No. 12, 2009.

[10] Xiao Wu, Chengde Zhang, Qiang, Peng, "Study on Feature Trajectory for Web Video Event Mining," In Proceedings of the 8th International Conference on Rough Sets and Current Trends in Computing, RSCTC, Chengdu, China, Aug. 2012.

[11] Gao Pan, Peng Qiang, Wang Qionghua, Liu Xiangkai, Chengde Zhang, "Adaptive disparity and motion estimation for multiview video coding," In Proceedings of the 4th International Conference on Image and Signal Processing, Shanghai, China, Oct. 2011.

[12] Sheng Guan, Min Chen, Hsin-Yu Ha, Shu-Ching Chen, Mei-

Ling Shyu, and Chengde Zhang, "Deep Learning with MCA-based Instance Selection and Bootstrapping for Imbalanced Data Classification," accepted for publication, the First IEEE Conference on Collaboration and Internet Computing, Hangzhou, China, Oct. 2015.

已申请专利：
大数据背景下基于关键信息检测的网络犯罪突发事件防控体系，张承德，潘延朋，张敬东，李飞，申请号：201620080528.9。

后 记

随着互联网技术的迅猛发展和计算机的普及，普通用户越来越容易从谷歌、百度、优兔和优酷等视频分享网站上获得大量正在发生的事件的网络视频。另外，中央电视台等大量新闻媒体也逐渐将大量网络视频放到上述这些网站。这对普通用户能否快速从搜索引擎返回的海量网络视频中掌握主要事件是一个挑战[①]。网络视频事件挖掘是一个非常有意义的研究课题。主要事件挖掘可以方便普通用户快速了解整个话题，并建立事件间的关系，从而了解整个话题的来龙去脉。如果对某一个事件比较感兴趣的话，还可以进一步了解。

当普通用户检索某话题时，如果他们了解该话题的主要事件，可以方便他们了解事件间的关系。然而，普通用户只有观看搜索引擎返回的海量视频后，通过自己总结才能了解主要事件，这需要耗费大量时间，而且难以完成，普通用户也没有足够耐心，尤其是对于完全陌生的话题。因此，通过主要事件挖掘改善用户搜索体验是一个紧迫的任务。本书分别研究了网络视频的文本与视觉的突发性特征，并通过它们间的关系进行了相关融合方案的探索，主要内容

---

① Zhang J, Fan X, Wang J, Et Al. "Keyword-Propagation-Based Information Enriching And Noise Removal For Web News Videos" In Proceedings of the 18th Acm Sigkdd International Conference on Knowledge Discovery And Data Mining（Kdd），Beijing, China, August 2012.

包括以下三个方面：

首先，研究了基于共同发生与多重对应分析的网络视频事件挖掘。针对网络视频中文本信息具有信息量少、噪声多以及信息不完整等特性做出了改善。同时，结合视觉信息的特点，即重要的镜头经常被插入相关视频中用来提醒或支持其观点，具有举足轻重的作用。此外，视觉信息不仅包含丰富的信息，而且相对不容易被修改，因此视觉特征相对于文本描述更加精确，故其具有更明显的优势。新提出的网络视频事件挖掘方法是通过文本与视觉信息的融合进行网络视频的事件挖掘。通过共同发生挖掘视觉近似关键帧之间的视觉相关性，并将统计领域中的多重对应分析应用到多媒体检索领域，探索网络视频中出现的标题、标签等文本信息在视觉近似关键帧中的分布特性，从而利用文本信息的分布特性计算视觉近似关键帧与事件间的相关度。大量实验结果表明，基于视觉内容相关性与多重对应分析的网络视频事件挖掘，在相同条件下事件挖掘效果较之前方法更佳。

其次，研究了基于视觉特征轨迹与文本分布特征的网络视频事件挖掘。视觉近似关键帧的共同发生只能挖掘视觉内容相关的视频，而同一事件往往具有多种视觉表达形式，从而容易丢失与事件主题相关或者视觉内容不同的视频。因此，利用视觉特征轨迹的时间分布特性，通过共同发生增加视觉特征轨迹的鲁棒性，以减少视频编辑的影响，提出了基于视觉内容的特征轨迹。与此同时，针对文本信息噪声较多，易造成文本分布特征不稳定的问题，提出了利用视觉近似关键帧间的视觉内容的相关性来挖掘文本信息的语义相关性，从而增强文本信息的鲁棒性。并根据文本与视觉信息间的相关性，提出了一种概率模型，利用此模型从理论上探索文本与视觉信息融合的问题，从而更好地实现两者优势的互补。通过海量数据集上的大量实验，证明基于内容的视觉特征轨迹与文本分布特征的网络视频事件挖掘方案,能够有效地改善基于视觉近似关键帧的内容单一问题,并能在一定程度上提高文本信息的鲁棒性,而文本与视觉信息的融合方案进一步弥补了文本与视觉信息二者自身的缺陷,达到了优势互补的目的。

最后,研究了基于动态关联规则与视觉近似片段的网络视频事件挖掘。通过深入分析研究视觉近似关键帧的特性及其存在的问题,为了减少视频编辑对视觉近似关键帧检测的影响,提出了视觉近似片段这一全新的概念。主要利用视频中时间与空间信息以减少图片中文字等信息的影响,并探索了视觉近似片段间的关联规则,以及文本信息在视觉近似片段中的分布特性。同时,为了进一步增强嘈杂的文本在视觉近似片段中的分布特性,提出用动态关联规则算法将语义相关的单词聚集在一起,从而用语义相关的单词集来代替原来的单个单词,以达到增强文本信息鲁棒性的目的。最终通过文本与视觉信息的融合,实现文本与视觉信息互为补充,进一步提高了事件挖掘的效果。大量实验结果表明基于动态关联规则与视觉近似片段的网络视频事件挖掘,在相同条件下有效改善了网络视频编辑以及文本特征鲁棒性的问题。

最近十年,社交网络和网络视频网站的普及和快速发展,使得网络视频的数量以指数级增长。对于海量的搜索结果,用户需要点击查看完大量相关视频后,自己再加以整理方可了解整个话题和主要事件。用户不仅要耗费大量时间来查找搜索结果,最重要的是他们很难找到真正想要的搜索结果,要是完全陌生的话题就更不用说了。因此,现在的搜索引擎并不能帮助用户抓住主要事件然后从整体上了解整个话题。这对研究如何有效挖掘主要事件提出了迫切需求。然而,少量和嘈杂的文本信息和质量较低并易受编辑的视觉信息对基于初始关键字和视觉特征的事件挖掘提出了新的挑战。

本书的结果包括以下几个方面:(1)大规模近似图像/片段/视

频快速检测及标注方案的研究；（2）话题结构建立的研究；（3）文本与视觉特征轨迹的研究；（4）文本与视觉信息融合的研究；（5）文本信息鲁棒性提高的研究；（6）基于概率模型的文本与视觉信息融合框架。

（1）深入研究了如何高效地通过局部特征搜索近似视频和从近似视频的标签集合中找寻合适的标签进行推荐。

（2）在视觉特征轨迹的建立、视觉特征轨迹与文本频繁项目集融合的研究方面取得了重要成果，特别是在话题结构的建立的方面取得了突破性进展。

（3）分别对文本与视觉特征轨迹的优点和缺点进行了深入的分析与比较，并进一步研究了通过两者的融合进行事件挖掘的研究。

（4）分别对文本与视觉信息的特点进行了分析与研究，并通过两者的融合进一步提高事件挖掘效率。

（5）对文本信息鲁棒性提高做了深入的分析与研究。

（6）经过对文本与视觉特征的深入分析和研究，通过概率模型将两者融合在一起进行事件挖掘的研究。

当突发事件发生时，人们最想知道的是：什么时间、什么地点、发生了什么、怎么发生的以及事件间的关系是什么。因此，如何有效地、自动地组织、管理、搜索和浏览海量网络视频，已成为一项迫切的用户需求，也是数字化广播和下一代网络搜索引擎发展的一个共同目标。多媒体信息检索已成为集多媒体技术、信息检索、网络信息获取等多学科交叉的热门研究课题。

随着网络犯罪、网络拼车、舆情检测、隐私保护、网络立法等对多媒体信息检索的需求，单一媒体的信息检索与挖掘技术已经难一满足这一需求，多媒体融合信息检索已经成为新的趋势。